# 運気を磨く

## 心を浄化する三つの技法

田坂広志



光文社新書

# 運気を磨く

## 目次

## 第二話　「良い運気」を引き寄せる「心の五つの世界」 36

## 第三話　なぜ、従来の「無意識を変える方法」が効果を発揮しないのか　106

## 第五話 「人生でのネガティブな体験」を陽転していく技法 178

序話

# 非科学的と言われながら、誰もが信じているもの

いま、この『運気を磨く』という本を手に取られた、あなた。
あなたは、「運気」というものの存在を信じているのだろうか。

実は、この「**運気**」**というものは、いまだ、科学的には、その存在が証明されていない**。
現代の最先端科学によっても、それが存在するか否か、そして、存在するならば、なぜ、そうしたものが生まれてくるのか、いまだ、解き明かされていない。

しかし、**それにもかかわらず、人類数千年の永い歴史の中で、そして、この広い世界の中で、誰もが、この「運気」というものの存在を、信じている。**

それが、「運気」と呼ばれるものの不思議な一面であろう。

たしかに、たとえ、口に出しては言わなくとも、心の奥深くで、その存在を信じているため、誰もが、何か悪いことが続くと、「運気が下がっている」と思い、何か良いことが続くと、「運気が上がってきた」と思う。

また、「弱り目に、祟《たた》り目」という言葉のように、心の状態が弱ったり、ネガティブ（否定的）になっていると、次々と、「不運」と思えることが起こり、逆に、「断じて行えば、鬼神もこれを避く」という言葉のように、心の姿勢が強くあり、ポジティブ（肯定的）になっていると、「不運」と見える出来事も「幸運」に転じていくということが起こる。

人類始まって以来、洋の東西を問わず、無数の人々が、そうした「体験的感覚」を持っているがゆえに、あれこれの「科学的証明」を超え、誰もが、この「運気」の存在をたしかに感じている。

**それゆえ、「運気」に関しては、古今東西、無数の本が出版されており、そうした本には、「運気」を向上させたり、「良い運気」を引き寄せるための、様々な方法が述べられている。**

もしかして、あなたも、そうした本を読まれたかもしれない。

そして、そこで書かれている方法を試されたかもしれない。

しかし、残念ながら、古今東西、多くの人々がこうした本を読み、そこに書かれている様々な方法を試してきたが、それらの方法が、あまり有効ではないと感じる人も多い。また、「運気」を向上させることや「良い運気」を引き寄せるという点で、あまり効果が無いと思う人も多い。

それはなぜか。

実は、それには、明確な理由がある。

## 「良い運気」を引き寄せられない本当の理由

従来の方法は、いずれも、心の世界を「ポジティブな想念」で満たせば、「ポジティブなもの」を引き寄せ、「良い運気」を引き寄せるということを述べてきた。

その考えは、決して間違っていないが、実は、ただ、心の世界をポジティブな想念で満たそうとしても、我々の心の奥深くには、すでに、ポジティブな想念を上回る多くのネガティブな想念が溢《あふ》れている。そのため、そのネガティブな想念を消すことなく、ただ、**ポジティブな想念を心の世界に持とうとしても、すでに心の中に存在するネガティブな想念の力が、ポジティブな想念の力を打ち消してしまう**のである。

そして、さらに大きな問題は、我々が心の中をポジティブな想念で満たそうと思っても、心の不思議な性質がゆえに、むしろ逆に、心の奥深くにネガティブな想念が生まれてしまうことである。

従って、我々が、本当に「良い運気」を引き寄せたいと思うならば、心の中をポジティブな想念で満たす前に、何よりも、心の中に数多く存在するネガティブな想念を消していかなければならないのである。

そして、心の中をポジティブな想念で満たそうとするとき、心の奥深くにネガティブな想念が生まれない、賢明な方法を採らなければならないのである。

では、どうすれば、我々は、心の中のネガティブな想念を消すことができるのか。

どうすれば、我々は、心の中をポジティブな想念で満たすことができるのか。

本書では、その方法について話そう。

ただし、それは、従来の方法とは全く異なった方法である。

それは、そもそも、**ポジティブな想念とネガティブな想念という分離や対立を超えた、「究極のポジティブな想念」を心の中に実現する方法**である。

しかし、こう述べてくると誤解が生まれるかもしれないので、最初に申し上げておくが、本書は、この「運気」という問題を「オカルト」的な視点から語る本ではない。反科学的な「神秘主義」の視点から語る本でもない。

筆者は、大学の工学部で長く研究者の道を歩み、科学的教育を受けた人間である。それゆえ、基本的には唯物論的な世界観によって研究に取り組んできた人間である。

従って、筆者は、何かの宗教団体に属したり、オカルト的なものを信じている人間でもない。

ただ、一方で、筆者は、これまでの六八年の人生において、「運気」と呼ばざるを得ない出来事を数多く体験しており、それゆえ、この「運気」と呼ばれるものの存在を決して否定できないと感じている。

例えば、人生における重要な決断の瞬間に、天啓のように直観が閃《ひらめ》き、それが正しい決断に繋《つな》がった体験や、なぜか、不思議な感覚に包まれ、その予感に従って行動したとき、大事故を避けることができた体験、極めて重要な仕事の場面で、最も欲しい情報が、全くの偶然によって与えられた体験、ある会合で、たまたま隣の席に座った人との縁から、想像もしなかった社会的役割が与えられた体験など、枚挙に暇《いとま》がない。

そうした体験のいくつかについては、本書の中で、順次語っていきたいと思うが、筆者は、自身の科学研究者としての背景から、この「運気」というものの科学的根拠が存在するならば、それを明らかにしたいと考えており、本書においては、そうした視点からの「科学的仮説」についても紹介しよう。

特に、その仮説として、いま、**現代科学の最先端、量子科学の世界で議論されている「ゼロ・ポイント・フィールド仮説」**についても紹介しよう。

そして、本書では、そうした「科学的仮説」を踏まえ、この「運気」というものが現実に存在することを認めたうえで、我々の人生において「良い運気」を引き寄せる方法について、述べよう。

特に、筆者が永年実践してきている技法として、

**「人生の習慣を改める」**
**「人生の解釈を変える」**
**「人生の覚悟を定める」**

という三つの技法を紹介しよう。

本書が、人生における「運気」というものの存在を信じ、その「運気」を向上させていきたいと願うあなたにとって、これからの人生を拓《ひら》く大きな示唆になるならば、幸いである。

そのことを述べたうえで、早速、本題に入っていこう。

第一話

# 「良い運気」を引き寄せるただ一つの条件

では、そもそも「運気」とは何か。

あなたは、「運気」とは、どのようなものだと思われているだろうか。

最初に、そのイメージを明確にしておきたい。

**第一に、「直観」が閃くということ。**

例えば、じゃんけんやルーレットなどの勝負ごとにおいて、グー・チョキ・パーのどれを出すか、赤黒のどちらに賭けるか、どの数字に賭けるかという「直観」が当たるということは、「良い運気」の一つの表れであろう。これは、言葉を換えれば、「**勘**」が閃くということや、「**第六感**」が働くということでもある。

**第二に、「予感」が当たるということ。**

人生や仕事における何かの大切な選択を前に、「この後、こうなるのではないか」「こちらの道を歩んだ方が良いのではないか」との予感が心に浮かび、それに従うと、その選択が正しい選択になっているということも、「良い運気」の一つの表れであろう。

この「予感」については、逆に、「嫌な予感」がして、ある行動を避け、何かの厄災を避けたとき、これは、「悪い運気」を避けたということであろう。

この「予感」については、日本では、「虫の知らせ」という言葉も使われる。

**第三に、「好機」を掴《つか》むということ。**

例えば、サッカーなどにおいて、ゴール前の混戦で、タイミング良く自分の前にボールが転がってきて、シュートを決めるなど、偶然が支配する状況で「好機」（チャンス）を掴むということも、「良い運気」の表れである。

これを、英語で「Right Time Right Place」という言い方をすることもあるが、「必要なとき」に「必要な場所」にいるということも、「良い運気」の表れである。

**第四に、「シンクロニシティ」が起こるということ。**

「シンクロニシティ」(synchronicity) とは、人生において「不思議な偶然の一致」が起こることであるが、良いタイミングで、このシンクロニシティが起こることも、「良い運気」の表れである。

例えば、「こうした情報が欲しい」と思っていると、たまたま手にした雑誌の偶然開いたページに、その情報が載っているといったことも人生において起こるが、これも「良い運気」の表れであると言える。

**第五に、「コンステレーション」を感じるということ。**

「コンステレーション」（constellation）とは、「星座」という意味の英語であるが、我々が夜空を見上げるとき、そこに見える星々は、それぞれ、全く関係のない星である。しかし、我々は、それらの星々の配置に「意味」を感じ、「物語」を感じ、オリオン座や蠍《さそり》座といった形で、それを「星座」として呼ぶ。

同様に、「コンステレーション」を感じるとは、人生で起こる、一見、無関係な出来事や出会いに、何かの「意味」や「物語」を感じ、その意味や物語に従って選択や行動をすると、良い方向に導かれることであり、これも「良い運気」の表れである。

この「コンステレーション」については、この説明では、まだ分かりにくいかと思うので、具体的な例で説明しよう。

例えば、ある日の朝、何気なく見たテレビ番組で、高齢社会の深刻な問題が語られていたが、それが、なぜか心に残る。そして、通勤のために向かった駅前では、環境NPOの人々がチラシを配っていたが、その生き生きとした表情に何かを感じる。さらに、電車の中吊り広告を見ていると、「人生百年時代」に関する雑誌の見出しが目に飛び込んでくる。

ところが、そうした朝の出来事の後、出社すると、人事部から呼び出しがあり、不本意なことに早期退職を勧められる。落胆した思いの中、相談に乗ってもらおうと大学時代の友人に声をかけ、一緒に飲んだところ、彼が考えている「高齢者介護事業」のソーシャルビジネスに共同経営者として参加しないかとの誘いを受ける。帰宅し、その一日を振り返っていると、ふと、朝の高齢者問題のテレビ番組、駅前のNPOの姿、人生百年時代の記事、友人の共同事業への誘いが結びつき、それらの一見、無関係な出来事が、実は、何かの「意味」を持っているように感じ、友人の誘いが何かの「導き」のように思えてくる。

そうしたことが「コンステレーション」を感じるということの意味である。

もとより、細やかに論じれは、これら以外にも「運気」の表れ方は色々な形があるが、本書においては、この「直観」「予感」「好機」「シンクロニシティ」「コンステレーション」などの形で現れる「運気」を中心として論じていこう。

## 人生の成功者が必ず使う「意外な言葉」

では、なぜ、「運気」というものが大切なのか。

改めて言うまでもなく、我々個人の人生や生活において、「幸運」な出来事や出会いを引き寄せる「運気」というものは、誰にとっても大切なものであろう。

しかし、それ以上に、多くの人々の人生を預かる政治家や経営者、リーダーや監督にとって、また、多くの人々の期待を集めるアスリートやプロフェッショナル、競技者や勝負師にとって、

**「運」が強いこと**

は、究極の資質、究極の力量と言って良いほど、大切なものである。

実際、政治家や経営者、リーダーや監督の「運の強さ」は、ときに、自らが率いる国家や企業、組織やチームの命運を分けるものであり、多くの人々の人生に多大な影響を与えてしまう。

このことを考えるとき、筆者の脳裏に浮かぶのは、かつて銀行系シンクタンクの役員を務めていたときに仕えたK会長のことである。このK会長は、ある都市銀行の頭取を務められた方であり、世界的な賞「Banker of the Year」を受賞された名経営者であるが、若き日に太平洋戦争に従軍し、水兵として乗船していた巡洋艦が撃沈され、多くの仲間が波間に沈んでいったとき、奇跡的に味方の船に救助されたという強運の持ち主である。

当時、筆者は、しばしばこのK会長の部屋を訪れて話を伺い、直々の薫陶を受けていたが、あるとき、K会長に、かねて興味があった問いを投げかけさせて頂いた。

それは、「銀行の頭取を務められていたとき、経営不振に陥った取引先の再建のために、銀行幹部を派遣されることが何度もあったと思いますが、そのときの人材を選ぶ基準は何だったのでしょうか？」という問いであった。

筆者は、内心、この問いに対する答えは、おそらく「財務に明るい人間だよ」や「人心掌握ができる人間だよ」といったものであろうと想像していたが、この質問に対して、このK会長は、煙草を燻《くゆ》らせながら淡々と、しかし、一言、明確に言い切った。

「それは、決まっているよ。運の強い奴だよ！」

このK会長の言葉が、いまも心に残っているが、そのとき筆者の心に浮かんだ次の問いは、「では、その人物の運が強いか否かは、どのようにして分かるのでしょうか？」というものであった。残念ながら、その問いを伺うことはできなかったが、それから四半世紀余りの歳月を重ね、筆者自身が経営の世界を歩み、いまは、その答えが分かる。

それは、次の答えである。

**自らの人生で、大きな「運気」の分かれ目を体験した人間は、他者の「運気」の強さも、敏感に感じ取ることができる。**

おそらく、それが一つの答えであろう。

K会長は、戦争中、あの巡洋艦撃沈という「運気」の分かれ目で生き残った。それゆえ、経営幹部の「運気」を感じ取ることもできたのであろう。

一方、アスリートやプロフェッショナル、競技者や勝負師は、本来、その「技術」や「能力」によって結果を出していく人間であるが、一流の世界においては、「技術」や「能力」を超え、やはり「運の強さ」が極めて重要な条件になっていく。

例えば、プロ野球の世界の伝説的な打者、長嶋茂雄は、「記録よりも、記憶に残る男」と評された。実際、打率やホームラン数では長嶋よりも好成績を残している打者は数多くいるが、彼ほど「チャンスに強い」打者はいなかったと言われる。彼は、まさに正念場において「強い運気」を引き寄せる打者だったのであろう。

また、プロサッカーの世界で活躍している本田圭佑は、ここ一番の大勝負でゴールを決めることのできる選手であるが、本人も、常に「持っている!」と述べている。それは、言うまでも無く、「自分は、極めて強い運を持っている」という意味に他ならない。

このように、政治家や経営者、アスリートやプロフェッショナルは「運気」の強さが究極の条件であるが、総じて、人生の「成功者」と呼ばれる人々は、例外なく「運が強い」。

そのことを教えてくれる興味深いエピソードがある。

ある研究者が、世の中で「成功者」と呼ばれる人々の自叙伝や回想録を調べたのである。

その対象となったのは、政治家や経営者、学者や研究者、芸術家や音楽家、アスリートやプロフェッショナルなど、様々な分野で、文字通り「功成り名遂げた人々」であるが、これらの人々が、その人生を回顧する自叙伝や回想録において、いったい、どのような言葉を最も多く使っているかを調べたのである。

事前の予想では、こうした「成功者」は誰もが、「努力をして」や「粘り強く」、「才能を磨き」や「信念を持って」といった言葉を使うと思われたのだが、実際にこの調査を行ってみると、自叙伝や回想録で最も多く使われていたのは、「偶然」「たまたま」「ふとしたことで」「折よく」「幸運なことに」といった「運の良さ」を語る言葉であった。

このように、世の中で「成功者」と呼ばれる人々は、分野を問わず、職業を問わず、人生と仕事の様々な場面で、無意識に「運気」を感じ、「良い運気」を引き寄せ、その好機を掴む力を持っていたのである。

## 古今東西で語られる「良い運気」を引き寄せるただ一つの条件

しかし、こう述べてくると、あなたの心の中には、当然のことながら、一つの問いが浮かんでいるだろう。

では、どうすれば、その「良い運気」と呼ばれるものを引き寄せることができるのか。

その問いである。

実は、この「運気」というものについて語った書籍や文献は、古今東西、無数にあるが、どれも共通に、人生において「良い運気」を引き寄せるために必ず理解しておかなければならない一つの法則を語っている。

それは、

**我々の「心の状態」が、**
**その心と共鳴するものを「引き寄せる」**

という法則である。

これは、昔から、欧米などで「**引き寄せの法則**」(Law of Attraction) として語られてきたものであるが、日本においても、昔から、「**類は友を呼ぶ**」「**類をもって集まる**」という諺《ことわざ》が語られ、仏教においても、目の前にある世界は、自分の心が現れたものに他ならないということを意味する「**三界唯心所現**《さんがいゆいしんしょげん》」という言葉が語られている。

従って、「良い運気」を引き寄せるためには、究極、ただ一つのこと、

## 「ポジティブな想念」を持つ

ことが求められる。

すなわち、「ポジティブな想念」＝「良い想念」を持つと、「ポジティブな出来事」＝「良い出来事」や「良い出会い」を引き寄せ、「良い運気」を引き寄せるのである。

もとより、こう述べても、そうしたことが起こる理由を、現在の科学は説明できないのであるが、多くの人々が体験的に「引き寄せ」と呼ぶべきものを実感しているがゆえに、この「引き寄せの法則」を信じているのであろう。

では、「ポジティブな想念」を持つには、どうすれば良いのか。

そのことを深い次元で語るのが本書の目的であるが、そのことを語る前に、あなたが心に抱かれる根本的な疑問に答えておこう。

**そもそも、なぜ、「ポジティブな想念」が「良い運気」を引き寄せるのか。**
**なぜ、我々の「心の世界」では、「引き寄せ」という現象が起こるのか。**

そのことを理解するためには、まず、我々の「心の世界」を深く理解しておく必要がある。特に、「心の深層の世界」の不思議な働きを理解しておく必要がある。

次の第二話で、そのことを述べよう。

第二話

# 「良い運気」を引き寄せる「心の五つの世界」

人類の歴史を振り返るならば、過去と現在を問わず、洋の東西を問わず、我々の人生には「運気」と呼ばれるものが存在すると信じられてきた。

そして、「運気」というものは、我々の「心の状態」が、その心と共鳴するものを「引き寄せる」ために生まれてくると考えられてきた。

それゆえ、我々の心の中の「ポジティブな想念」が「良い運気」を引き寄せ、逆に、「ネガティブな想念」が「悪い運気」を引き寄せると言われてきた。

たしかに、これまで、古今東西、「運気」というものについて語る多くの書籍や文献は、こうしたことを述べてきた。

そして、我々の多くは、人生での様々な体験を通じて、こうしたことが真実ではないかとの感覚を抱いてきた。

おそらく、この本を手に取られたあなたも、そうした感覚を抱いているのではないだろうか。

では、こうした「運気」と呼ばれるものについて、また、「引き寄せ」と呼ばれる現象について、さらには、第一話で述べた「直観」「予感」「好機」「シンクロニシティ」「コンステレーション」と呼ばれる現象について、**現代の科学は、全く説明ができないのだろうか。**

もとより、こうしたことについて、現時点で、完全な科学的説明は難しいが、これまで提唱されてきた様々なコミュニケーション論や深層心理学、宗教学、最先端科学の知見を参考にするならば、それらの一面を説明することは可能である。

しかし、そのためには、我々は、「心の世界」には、表面意識（単に「意識」とも呼ばれる）では気がつかない深い世界があり、表面意識の世界も含めて、次の「五つの世界」があることを理解する必要がある。

**第一　個人的な意識の世界**
**第二　集合的な意識の世界**
**第三　個人的な無意識の世界**
**第四　集合的な無意識の世界**
**第五　超時空的な無意識の世界**

そこで、これから、この「五つの世界」について、それが、どのようなものであり、それが、なぜ「運気」というものを生み出すのか、「引き寄せ」や「直観」「予感」「好機」「シンクロニシティ」「コンステレーション」といった現象を生み出すのか、それぞれ述べていこう。

## なぜ、「愚痴の多い人」から「良い運気」が去っていくのか

まず、**第一の心の世界は、「個人的な意識」の世界**であるが、これは、日常的な意識の世界、通常の我々の表面意識の世界のことである。

もとより、本書の主題は、第三から第五の「無意識」の世界であるが、「運気」や「引き寄せ」という現象は、この通常の「表面意識」の世界でも、しばしば起こる。

それは、誰もが日常で体験していることであり、改めて説明する必要もないが、敢えて整理すると、それが起こるのには、**三つの理由**がある。

**第一の理由は、この表面意識の世界が「ネガティブな想念」で満たされていると、我々は、本来、持っている力を発揮できなくなるからである。**

例えば、不安や恐怖、不満や怒り、嫌悪や憎悪などの感情を心に抱いていると、仕事に

おいて集中力に欠け、「間違いを犯す」「能率が上がらない」「アイデアが湧かない」といったことが起こり、当然のことながら、本来の力を発揮できないため、様々な問題に直面し、色々なトラブルを起こし、「運気が下がっている」という状況になる。

逆に、この表面意識の世界が「ポジティブな想念」で満たされていると、我々は、本来、持っている力を存分に発揮できる。

例えば、心の中に、安心や希望、満足や感謝、好意や愛情といった感情を抱いていると、仕事において集中力が高まり、「間違いを起こさない」「能率が上がる」「アイデアが湧いてくる」といった状態になり、本来の力を発揮できるため、「運気が上がっている」という状況になる。

第二の理由は、表面意識の世界が「ネガティブな想念」で満たされていると、その想念が、自然に「ネガティブな言葉」となって口を衝《つ》いて出るため、周りの人を遠ざけてしまうからである。

例えば、職場などで周りを見渡してみても、「愚痴の多い人」の周りには「愚痴の多い人」が集まり、「不満を語る人」の周りには「不満を語る人」が集まる。また、「不安を語り続ける人」や「恨み辛みを語り続ける人」の周りからは、「ポジティブな想念」を持った人は、自然に距離を置き、離れていく。そのため、日常的に「ネガティブな言葉」を語る人は、その周りに良い人間関係を築けない状態になり、結果として、人生や仕事において、様々な問題に直面し、色々なトラブルを起こすことになる。

逆に、表面意識の世界が「ポジティブな想念」で満たされていると、その想念が、自然に「ポジティブな言葉」となって出るため、周りに人が集まってくる。

例えば、希望を語る人、感謝の言葉を述べる人、他人を褒める人の周りには、自然に、「ポジティブな想念」の人々が集まり、良い人間関係が生まれ、人生や仕事が順調な状況、さらには好調な状況となる。

## コミュニケーションの八割は「言葉」を超えて伝わる

**第三の理由は、実は、これが最も重要な理由であるが、人間同士のコミュニケーションの八割は、「ノンバーバル」（非言語的）だからである。**

すなわち、コミュニケーションには、「言葉で伝わるメッセージ」（バーバル・メッセージ）以外に、眼差《まなざ》しや目つき、表情や面構え、仕草や身振り、空気や雰囲気といった「言葉以外で伝わるメッセージ」（ノンバーバル・メッセージ）があり、実は、**後者は、コミュニケーションの八割以上を占めているのである。**

そのため、もし、ある人が、心の中に不安や恐怖、不満や怒り、嫌悪や憎悪といった「ネガティブな想念」を抱いている場合、表面的な言葉のメッセージでは、相手や周りにその想念を伝えていないつもりでも、言葉以外のメッセージで、その想念を相手や周りに伝えてしまうことは、しばしば起こる。

そして、こうしたことが起こると、「ポジティブな想念」を持った人は、自然に、その人から離れていくことになり、直接、離れていかなくとも、心が離れていくことになる。

さらに、逆に、この人の周りには、「ネガティブな想念」を持った人が近づいてくるため、結果として、様々な問題やトラブルを引き寄せることになる。

実際、周りから「あの人は暗い感じの人だ」「あの人は冷たい感じがする」と言われるような人は、特に、ネガティブな言葉を発しなくとも、自然に周りから人が遠ざかっていくことは、しばしば起こっている。

このように、「運気」や「引き寄せ」という現象は、通常の「表面意識」の世界でも、しばしば起こっており、その理由も明確である。従って、例えば、世の中で語られる「**笑う門には、福来たる**」という諺についても、それが正しいことが、この三つの理由だけで、十分に科学的で合理的な説明ができるだろう。

すなわち、いつも楽しい笑顔で過ごしている人は、その「ポジティブな想念」がゆえに、人生や仕事において、持てる力を十分に発揮でき、自然に「ポジティブな言葉」を発するため、周りに人が集まってくる。しかも、その「ポジティブな想念」が、ノンバーバルなコミュニケーションによっても相手に伝わるため、ますます周りに「ポジティブな想念」を持った人が集まり、「良い運気」と呼ばれるものを引き寄せていくことになるのである。

では、こうした心の状態が、「個人」のレベルではなく、「人間集団」のレベルで生じると、何が起こるのか。

## 「ムード・メーカー」が大切にされる本当の理由

それが、**第二の心の世界、「集合的な意識」**の世界であるが、ここで「集合的」とは、「集団」や「組織」や「社会」など、多くの人間が集まった状態のことである。

そして、「運気」や「引き寄せ」という現象は、この「集合的な意識」の世界でも、しばしば起こる。

実際、「集合的な意識」とは、集団や組織や社会に属する個人の意識が集まったものであり、しばしば、空気や雰囲気、文化といった形で表れてくるが、我々は、人生や仕事において、組織やチームの空気や雰囲気が悪くなることによって「悪い結果」＝「悪い運気」を引き寄せてしまうことを、しばしば経験している。

例えば、野球の試合などで、ピッチャーが好投を続け、八回までパーフェクト・ピッチングをしているとき、チームの全員が「完全試合」を意識して緊張すると、いつもなら考えられない場面でエラーが出たりする。

これは、チーム全体の「集合的な意識」が「絶対にエラーはできない。エラーしたらどうしよう」という「ネガティブな想念」に支配されてしまったため、「エラー」という「悪い結果」＝「悪い運気」を引き寄せてしまった状況である。

逆に、チームの雰囲気が明るくなると、チーム全体の力を引き出し、「良い結果」＝「良い運気」を引き寄せるということも起こる。

プロ野球の世界で三度の日本一を成し遂げた野村克也監督は、打率などの成績はあまり良くないにもかかわらず、試合のとき、必ずベンチに入れる選手がいた。その理由を訊かれて、野村監督は、こう答えた。

「彼は、必ずしも、試合で活躍するわけではないが、ベンチにいると、大声を出して仲間を応援し、チームのムードが良くなるからです」

このように、人間集団やチームにおいても、「良い運気」を引き寄せるためには「ムード・メーカー的メンバー」の存在が重要と言われるのは、人間集団やチーム全体に、「ムードが良くなる」→「リラックスする」→「力を発揮できる」→「さらにムードが良くなる」という好循環が生まれるからである。

一方、世の中には、組織やチームのリーダーでありながら、空気や雰囲気を壊してしまい、その結果、組織やチームの「良い運気」を遠ざけてしまう人もいる。

その一つの例が、**「ウェット・ブランケット」（濡れた毛布）**と揶揄《やゆ》されるリーダーである。「ウェット・ブランケット」とは、家庭などで小火《ぼや》が生じたとき、濡れた毛布を掛けて火を消してしまうことからの隠喩であるが、たしかに世の中には、部下やメンバーがやる気を出し、情熱を持って何かのアイデアや提案を出しても、そのアイデアや提案の問題点を冷ややかに指摘し、部下やメンバーのやる気を削《そ》ぎ、情熱の「火」に水をかけて消してしまうリーダーがいる。

そして、こうしたリーダーは、組織やチームの空気や雰囲気を萎縮《いしゅく》的でネガティブなものにしてしまうため、部下やメンバーの自発性や創造性が抑圧され、当然のことながら、組織やチーム全体で「悪い結果」＝「悪い運気」を引き寄せてしまう。

このように、改めて述べるまでもなく、**「個人的な意識」や「集合的な意識」といった「表面意識」の世界においても、「ポジティブな想念」を持つことが「良い運気」を引き寄せ、「ネガティブな想念」を持つことが「良い運気」を遠ざけ、「悪い運気」を引き寄せてしまうことは、我々の日常的な経験でも、明らかである。**

しかし、一方で、我々の日常的な経験をさらに深く見つめるならば、こうした「表面意識」の世界だけでは説明できない「良い運気」「悪い運気」と呼ぶべき出来事が存在することも事実である。

そのため、人間の「表面意識」の世界の奥深くにある「無意識」の世界が、我々の人生における「運気」に影響を与えているという考えが、昔から語られてきた。

それが、第三の「個人的な無意識」の世界と、第四の「集合的な無意識」の世界である。

## 幸せになりたいと願いながら、不幸を引き寄せる人

では、我々の第三の心の世界、「個人的な無意識」の世界とは何か。

良く知られているように、人間の心の奥深くにある「無意識」の世界については、これ

まで、ジークムント・フロイトやカール・グスタフ・ユング、アルフレッド・アドラーなどの心理学者によって深く研究され、様々な仮説が述べられてきた。

そうした研究が共通に語っていることは、要するに、次の三つのことである。

**第一「無意識」の世界の状態は、我々の「意識」の世界からは明確に自覚できない**

**第二「無意識」の世界の力は強く、しばしば、それが「意識」の世界に大きな影響を与えてしまう**

**第三「無意識」の世界に働きかけて、それを意識的に変えることは容易ではない**

この三つのことから、我々の人生においては、自分でも気がついていない無意識の世界が自分の行動を支配してしまい、人生の選択を誤らせてしまうことがある。

例えば、表面意識では「幸せな結婚がしたい」と願いながら、いつも、相性の悪い相手と巡り会い、不幸な結婚生活と離婚を繰り返す人がいる。

これは、ある意味で、結婚について「悪い運気」を持った人とも言えるが、こうした人の無意識の世界を、精神分析家のカール・メニンガーは、『おのれに背くもの』という著書の中で、様々な分析を行っている。

その一つの原因となるのが、**無意識の中にある「自己懲罰意識」**である。

すなわち、過去の人生において、自分を責めざるを得ない出来事があったとき、それが強いトラウマ（心的外傷）となって無意識の世界に固着し、その無意識の世界に生まれる「こんな自分は、幸せになってはいけない」「こんな自分には、きっと酷《ひど》い罰が当たる」といった自己懲罰意識が、自分の人生の選択や行動を支配してしまうのである。

言葉を換えれば、ある人が引き寄せる「悪い運気」とは、実は、その人の無意識の世界にあるネガティブな想念が、その人の選択や行動を本人も気がつかない形で支配してしまうために起こる現象であるとも言える。

アメリカの名女優、メリル・ストリープが主役を演じる映画『ソフィーの選択』においても、この「自己懲罰意識」によって人生を支配されてしまう人間の姿が見事に描かれている。

ストリープ演じるユダヤ人女性、ソフィーは、戦争中、ナチスドイツの将校によって、二人の子供のどちらかを手放せと迫られ、心が張り裂けるような極限状況の中で、一人の子供を手放し、見殺しにしてしまう。

戦争が終わり、彼女は、極限の状況を生き延び、平和な生活に戻ることができるが、片方の子供を見捨てた自分を心の奥深くで責め続ける。その結果、彼女を愛し、幸せな結婚を約束してくれるスティンゴの求愛を拒み、破滅的な人生を歩んでいくネイサンとともに、最後は自殺を選ぶことになる。

この物語に象徴されるように、我々の無意識の世界に生まれる「自己懲罰意識」は、自分自身の気がつかないところで、我々の選択と行動を支配し、不幸な人生を自ら選び取っていくように仕向けることがある。

すなわち、**我々の無意識の世界に「自己懲罰意識」や「自己否定意識」のようなネガティブな想念が存在すると、気がつかないうちに、現実の人生において不幸な出来事を引き寄せ、「悪い運気」を引き寄せてしまう**のである。

逆に、我々の無意識の世界に、「自分ならできる」「自分は価値ある人間だ」といった「自己肯定意識」や「自己尊重意識」があると、そのポジティブな想念が、人生において幸運と見える出来事を引き寄せ、「良い運気」を引き寄せていく。

ここで重要なことは、一人の人間が表面的に表している姿（表面意識の人格）と、その**心の奥深くに潜む姿（無意識の人格）は、多くの場合、かなり異なっている**ということである。ときに、それは、対極の姿であることさえ、珍しくはない。

例えば、か細い女性など、普段は、もの静かな雰囲気の人が、極限的な状況において、突如、極めて強い人格を表すということも、しばしばある。

逆に、いつもは「俺は負けない！」「絶対に勝つ！」といった強力なリーダーの姿を示す人が、ひとたび癌の宣告などを受けた瞬間に、その内面から痛々しいほどの弱さが現れてくることも、決して珍しくはない。

そして、もう一つ重要なことは、**この「無意識」の世界は、「表面意識」の世界を経由することなく、「無意識」の世界同士で互いに感応する**ということである。

すなわち、先ほどの映画『ソフィーの選択』において、ソフィーとネイサンが惹《ひ》かれあったのは、表面意識の働きによってだけではない。実は、互いの「無意識」の世界のネガティブな想念が、まさに当人たちも自覚できないまま感応しあい、引き寄せあったのである。

この「無意識同士」の感応と、引き寄せあいは、第一話で述べた「類は友を呼ぶ」「類をもって集まる」という現象が起こる一つの理由でもあり、その一部は、非言語的コミュニケーションによって説明することもできるが、実は、それだけでは説明できない現象も、数多くある。

では、その場合、なぜ、「無意識同士」が感応しあうことが起こるのか。

そのことを理解するためには、第四の心の世界、「集合的な無意識」の世界について知る必要がある。

## なぜ、人は「視線」を感じることができるのか

では、そもそも、「集合的な無意識」とは何か。

その説明をする前に、ここで一つ、あなたに伺いたい質問がある。

あなたは、日常の生活の中で、ふと、誰か他人の視線を感じた経験はないだろうか。例えば、仕事をしているとき、ふと、誰かが自分を見ているような気がして、その方向を見ると、たしかに誰かが自分を見ていたというような経験である。

実は、こうした経験を持つ人は、決して少なくない。もし、あなたにその経験がなくと

も、あなたの周りの人に聞くと、何人かは、そうした経験を持っているだろう。筆者も、そうした経験が、しばしばある。
また、小説や文学においても、「そのとき、ふと視線を感じて…」といった表現は、しばしば使われている。

では、なぜ、我々は、他人の「視線」を感じることができるのだろうか。
「視線」と言っても、何か光や音波を当てているわけではないので、これは物理的、科学的には説明のつかない現象であり、文字通り「**以心伝心**」とでも呼ぶべき不思議な現象であるが、それを、なぜ、我々は経験するのだろうか。

また、あなたは、こうした経験をしたことはないだろうか。

あるとき、ふと、しばらく会っていない知人のことが心に思い浮かぶ。すると、丁度、そのとき、その知人から電話がかかってきたり、その日、家に帰ると、その知人から手紙が届いているというような経験である。

こうした経験も、現在の科学では全く説明がつかないものであるが、実は、こうした経験をしたことのある人も、決して少なくない。

これは、第一話で述べた「**シンクロニシティ**」（**不思議な偶然の一致**）と呼ばれる現象であるが、筆者も、こうした経験が何度もある。

この本を書き始めた時期にも、夜、寝ているとき、もう何年も会っていない知人と出会う夢を見た。滅多にそうした夢は見ないので、不思議に思い、その日、その知人に電話をすると、その日は、丁度、その知人の誕生日であった。もとより、その日が彼の誕生日であることは全く知らなかったが、何かが、それを教えたとしか思えない出来事であった。

では、なぜ、我々の人生においては、こうした「シンクロニシティ」と呼ぶべき現象が起こるのだろうか。

その問いに一つの答えを与えてくれるのが、「**集合的無意識**」という仮説である。

この「集合的無意識」とは、英語で「Collective Subconsciousness」と呼ばれるものであり、前述の心理学者カール・グスタフ・ユングが提唱した概念であるが、分かりやすく言えば、

**人々の心は、深い無意識の世界で、互いに繋がっている**

という仮説である。

これは、非常に興味深い仮説であり、もし、この仮説が真実であるならば、先ほどの「以心伝心」の現象や「シンクロニシティ」の現象は、十分に説明がつくが、実は、現代においては、こうした考え方は、もはやユングだけの概念ではなく、この**ユング心理学を源流として生まれてきた現代心理学の新たな潮流、「トランスパーソナル心理学」（超個心理学）**として一つの心理学体系を生み出している。

この「集合的無意識」や「トランスパーソナル的無意識」（超個的無意識）の仮説に基づけば、これ以外にも、昔から語られる不思議な現象は、説明がつくことになる。

それは、永年連れ添った夫婦が、何も言わなくとも、互いの気持ちが分かるということや、さらには、その夫婦が、全く同じタイミングで、同じことを口にするといった「以心伝心」の現象が起こる理由が説明できるだけではない。

さらには、昔から、「**枕元に立つ**」という言葉が語られるが、誰かが亡くなったとき、同じ時刻に、遠く離れた土地に住む家族や親戚のところで、その亡くなった人が、枕元に立った、という経験談である。

実は、こうした経験を持った人は、昔から、何人も存在するがゆえに、「枕元に立つ」という定型句が生まれたわけであるが、これらは、いずれも、「何かの錯覚」や「思い違い」という言葉で切り捨てられないほど、現実感のある経験であったと報告されている。

筆者は、序話で述べたように、大学で科学的教育を受けた人間であり、永年、工学的研究に携わってきた人間であるため、こうした現象を、単純に「霊魂の存在」や「死後の世界」といった考えに飛躍して説明することには強い抵抗を感じるが、一方で、自らの体験からも、こうした不思議な現象が存在することは否定できず、こうした現象を説明できる一つの有力な仮説として、「集合的無意識」という概念は、検討に値すると考えている。

すなわち、「霊魂の存在」や「死後の世界」といったことを想定せずとも、この「集合的無意識」という概念、つまり「人々の心は、深い無意識の世界で、互いに繋がっている」という仮説に基づけば、言語的メッセージや非言語的メッセージを使ったコミュニケーションができない、遠く離れた人間同士の間でも、「以心伝心」や「シンクロニシティ」といった形での何らかのコミュニケーションが発生することは説明できる。

## なぜ、同じような犯罪が、同時多発するのか

そして、こうした「ある人の想念が、集合的無意識を通じて、他の人に伝わる」という現象、「以心伝心」や「シンクロニシティ」といった現象は、一対一の人間同士の間でも起こるが、実は、一つの人間集団の間でも起こる。

その一つの悪い事例が、ある国や地域において、同じような犯罪が同時多発するという現象である。

例えば、この本が上梓《じょうし》される二〇一九年には、アメリカの各地で、学校やショッピングモールなどでの「銃乱射事件」が頻発したが、これは、単に、一つの犯罪に刺激を受けて、他の同様の犯罪が誘発されたというだけでは、簡単に説明できない現象であろう。

むしろ、一つの国や地域、社会やコミュニティにおいて、人々の「集合的無意識」の状態が全体としてネガティブになることによって、一人一人の「個人的無意識」の世界に影響を与え、その影響を悪い形で受けた人々が、こうした「銃乱射」という犯罪に走っていると考えることもできる。

実際、こうしたアメリカでの「銃乱射事件」の背景には、移民に対する差別や憎悪の意識があるが、これは、一国を象徴する大統領が、そうした差別や憎悪の発言をし続けることによって、国民の「集合的無意識」にネガティブな想念を生み出している結果とも考えられる。

　こうした問題については、もとより、解釈の分かれるところであろうが、**組織でも、社会でも、国家でも、一つの人間集団の「集合的無意識」がネガティブな状態になると、その組織や社会や国家において、犯罪や事故や病気などの悪《あ》しき現象が多発し、「悪い運気」を引き寄せる結果になる**ことは、大いに考えられることであろう。

　一方、逆に、ある地域の人々の「集合的無意識」をポジティブな想念で満たされたものにすることによって、犯罪や事故や病気を減らしていこうとする試みも、かつて行われている。

　それは、宗教家、マハリシ・マヘーシュ・ヨーギーによって提唱された「**超越瞑想**」(**Transcendental Meditation**)による社会実験である。

　このマハリシは、英国のロックバンド、ビートルズにも大きな影響を与えた人物でもあるが、この社会実験は、「一つの都市で、人口の一パーセントの人々が超越瞑想を行うようになると、集合的無意識が浄化され、ポジティブになり、その都市での犯罪発生率が、有意に低減する」という仮説を実証しようとしたものである。

これは、「**マハリシ効果**」と呼ばれるものであるが、マハリシ国際大学によって、アメリカの各地域で様々な社会実験が行われ、統計的に有意ないくつもの結果を得たと報告されている。

このように、「集合的無意識」や「超個的無意識」の仮説は、空間を超えて人間の想念が伝わる現象や、何かのコミュニケーションを行わなくとも人間集団の間に一つの想念が共有される現象を、合理的に説明することができる。

**しかし、この「集合的無意識」や「超個的無意識」の仮説では、「空間を超えたシンクロニシティ」は説明できるが、「時間を超えたシンクロニシティ」は、説明できない。**

では、「時間を超えたシンクロニシティ」とは、何か。

## なぜ、人は「この光景は、前に見たことがある」という既視感を覚えるのか

そのことを説明するためには、**第五の心の世界、「超時空的な無意識」の世界**について述べる必要があるが、ここで、また、あなたに一つの質問をしたい。

あなたは、**「デジャヴ」（既視感）**という現象を経験したことがあるだろうか。

「デジャヴ」とは、「既に見た」という意味のフランス語「déjà-vu」であるが、日常生活の何気ない瞬間に、「ああ、この光景と全く同じ光景を、以前に見たことがある」と感じる現象のことである。

この現象については、「視覚神経と脳神経が引き起こす錯覚である」と科学的に説明しようとする議論もあるが、この「デジャヴ現象」を経験した多くの人は、その説明では納得できないほどの現実感を覚える。

この「デジャヴ現象」は、特に、若い時代ほど経験すると言われるが、筆者も、中学校時代から高校時代までに、この「デジャヴ現象」を、かなりしばしば経験した。

あなたも、一度や二度は、その経験があるのではないだろうか。

また、昔から、「夢に見たことが、現実になる」という経験も、多くの人々によって報告されている。いわゆる「**予知夢**」や「**正夢**《まさゆめ》」と呼ばれるものである。

有名な例で言えば、米国の大統領、リンカーンは、自身が暗殺される一週間前に、それを予知する夢を見たと言われている。

筆者は、この「予知夢」や「正夢」の経験はあまり無いが、もしかして、あなたは、その経験があるかもしれない。

では、なぜ、我々は、「デジャヴ現象」や「予知夢」「正夢」という形で「未来が見えていた」や「未来が見える」という体験をするのだろうか。

これは、過去に見た光景や、過去に見た夢が、目の前の現実と、不思議な一致を示すという意味で、「時間を超えたシンクロニシティ」と呼ぶことができるが、では、なぜ、このようなことが起こるのだろうか。

いや、さらに言えば、「デジャヴ現象」や「予知夢」「正夢」だけでなく、我々の人生においては、**未来を予見する**「**占い**」が当たるときがある。

## なぜ、「占い」が、当たってしまうのか

あなたは、「占い」というものが当たると思われているだろうか。それとも、「占い」など迷信だと思われているだろうか。

実は、筆者は、世の中に溢れる「占い」というものをあまり信じていないのだが、それでも、自分の人生を振り返るとき、なぜか、不思議なほど「占い」が当たった経験が、いや、当たってしまったと言うべき経験が、いくつかある。

それは、筆者が中学二年生のときのことである。

いよいよ高校受験を翌年に控えた時期、筆者は、都立のH高校への進学を希望していた。当時の学校の成績を考えると、H高校への進学は、それほど難しくはなかったのであるが、あるとき、母が縁を得たある易者に、将来の進路を見てもらうことにした。それは、当たることで有名な易者であったが、「私は、H高校へ進学できるか」を占ってもらったとこ

ろ、何度、易を立てても、「H高校には進学できない」との卦が出た。普通なら進学できるはずの高校に進学できないという占いの結果を見て、筆者は「受験日に病気にでもなるのだろうか」と、いぶかしげに思った。

しかし、年が明けて、中学三年生になったとき、予想もしなかったことが起こったのである。

その年から、東京都には「学校群制度」が導入され、H高校は他のK高校、M高校と一つの学校群になり、試験に合格しても、最後は抽選で、どの学校に配属になるかが決まるという制度になってしまったのである。そのため、筆者は、仕方なく、国立のT高校に進学することにせざるを得なくなり、結果として、易者の占いは当たり、H高校には進学できなくなったのである。

「占い」が当たったもう一つのエピソードは、筆者が大学院を終えて、就職をするときのことである。

筆者は、大学院の指導教官、K教授からの誘いもあり、博士号を得た後、その研究室の助手になることが内定していたが、あるとき、新宿の街角で、ある易者の前を通りかかったとき、ふと感じるものがあり、自分の進路を占ってもらったのである。

するると、その易者の最初の占いでは、「あなたは、目上の人に引き上げてもらえる人生になる」との結果が出た。「それは、たしかにそうだ…」と思っていると、「その目上の人が、どこに住んでいるかを占ってあげましょう」と言う。そこで、その二番目の占いをしてもらったが、その占いの最中、筆者は心の中で、「自分は、K教授に助手に引き上げてもらう。そして、自分の家は東京にある。だとすれば、K教授は、湘南に住んでいるので、占いの結果は『南』と出るはずだ…」と思っていた。

ところが、その予想に反して、易者の占いは、「北」と出た。このときも、いぶかしく思って、その易者の所を辞したが、それからしばらくして、あろうことか、K教授から「助手のポストが空かなくなった」との相談があった。

深い落胆のなか、仕方なく、他の就職先を探したところ、ある財閥系企業M社のA取締役から誘いがあり、そのM社に就職することになったのである。すると、後で知ったことであるが、このA取締役は、当時、埼玉に住んでおり、「北」に住んでいる人であった。

さらに不思議なことに、この易者は、その占いのとき、筆者に、こう付け加えていた。

「あなたを引き上げる人は、さらに高い地位に登っていくでしょう」

そして、その易者の予見通り、このA取締役は、それから一四年後に、この財閥系企業M社の社長になったのである。

筆者のこうしたエピソードを聞かれて、あなたは、どう思われるだろうか。

もとより、こうしたエピソードを、「単なる偶然」と片づけることもできるのだが、世の中には、こうした形で「占いが当たった」という体験を持つ人は、決して少なくない。

そして、「占い」が当たるのは、実は、占い師や易者が「当てる」のではなく、占いや易を立ててもらう人の心の奥深くの「何か」が、その「占い」の結果を引き寄せるのであると言われるが、そうした意味で、筆者には、「占い」が当たるということだけでなく、従来の科学では説明できない不思議な体験が、数多くある。

その一つが、「未来の記憶」とでも呼ぶべき体験である。

## なぜ、「未来」が見えるときがあるのか

「未来の記憶」とは、あるとき遭遇した出来事が、あたかも自身の未来を予見していたかのように感じられる不思議な体験である。

これも、筆者のエピソードを、二つ述べておこう。

一つは、その財閥系企業M社で営業担当者として仕事をしていた一九八九年夏のことである。いつものように、東京都内を営業先へ移動していたとき、乗っていたタクシーが赤坂見附から弁慶橋に向かった瞬間、なぜか、目の前に聳《そび》え立つビルが気になり、思わず客席から身を乗り出し、「運転手さん、あのビルは、何というビルですか？」と訊《き》いたのである。

それに対して、運転手は、「ああ、あれは、最近できた紀尾井町ビルですよ」と答えた。

タクシーに乗ることは、実社会に出てそれまでの九年間で何百回とあったが、後にも先にも、目に入ったビルの名前を訊くことなど無かったこともあり、なぜ、このビルが気になったのか、不思議であった。

しかし、その年の暮れ、これも不思議な縁に導かれ、筆者は、勤めていたM社を辞め、新たに創設される銀行系シンクタンクに設立メンバーとして参画することになった。そのことを決めた後、ふと気になって、そのシンクタンク設立準備室の人事担当部長に訊いたのである。

「ところで、このシンクタンクのオフィスは、どこに置くのですか?」

その問いに対する部長の答えを聞いて、筆者は、驚きを隠せなかった。

なぜなら、その部長は、「ええ、オフィスは、紀尾井町ビルに置きます」と答えたからである。

これは、「単なる偶然」なのであろうか。

あるとき、あるビルが目に入り、なぜか、そのビルが気になって、珍しく運転手に、そのビルの名前を訊いた。

しかし、そのビルは、それから数か月後に転職をする会社が入居するビルであった。

それは、「単なる偶然」なのであろうか。

それとも、筆者が転職することと、そのビルで働くことになることを、自分の無意識は予見していたのであろうか。

もう一つのエピソードは、一九八五年のことである。

筆者は、会社の仕事の関係で、米国のワシントン州、R市にある、ある国立研究所を訪問した。そして、金曜日に仕事を終え、週末をホテルで過ごしていたところ、その研究所に勤める米国の友人が、私をドライブに誘ってくれたのである。

そのドライブの最中、友人が、知人への届け物があるということで、市内の、ある住宅街に立ち寄った。そこで、彼が届け物をしている間、私は、カメラを取り出し、車を降り、その住宅街の風景を、何気なく、何枚かの写真に収めたのである。

しかし、その写真は、帰国後、他の海外出張の写真などと一緒に、無造作に写真箱に投げ込まれ、私の記憶からは全く消えていた。

そして、それから二年後の一九八七年、これも何かの縁に導かれ、筆者は、この研究所に客員研究員として勤めることになり、着任後、R市内に、ある住宅を見つけ、その家に住むことになった。

しかし、この研究所での一年半の勤務を終え、帰国のための荷造りをしているときのことである。たまたま、その写真箱が目に留まり、過去の海外出張の写真を取り出し、懐かしく眺めていたところ、ふと一枚の写真が目に入ったのだが、その瞬間、驚きとともに、目が釘付けになった。

それは、三年半前のあのドライブのとき、何気なく撮った数枚の写真の一枚であった。その写真は、ある住宅を真正面から写したものであったが、その住宅は、驚くべきことに、いま住んでいる家だったのである。

これも、「単なる偶然」なのであろうか。

ドライブの最中、何気なく、一軒の住宅の写真を撮った。その市内に無数にある住宅のうち、一軒を、無意識に撮った。

一方、着任後、無数の住宅のうち、偶然、一軒の住宅を見つけ、そこに住んだ。

しかし、不思議なことに、その二つの家は、同じ家であった。

それも、「単なる偶然」なのであろうか。

それとも、筆者が米国で働くことになること、そして、そのとき住む家を、自分の無意識は予見していたのであろうか。

この二つのエピソードは、まさに、**あるときの出来事が、あたかも未来を予見していたかのように感じられる現象**であり、「未来の記憶」とでも呼ぶべき現象である。

もとより、こうした出来事もまた、現在の科学では説明のつかない現象であり、やはり「単なる偶然」として片づけることもできるが、実は、筆者には、こうした「未来の記憶」と呼ぶべき体験が、極めて多くある。

あなたは、これまでの人生において、こうした体験、自分の未来を「予感」したり、「予見」したような体験はないだろうか。

筆者は、折に触れ、内々の会話として、色々な知人に、こうした体験の有無を聞いているが、予想以上に、こうした「予感」や「予見」の体験を持った人は多い。

ただし、それらの知人は、こうした体験を語ることが、周囲の誤解を受けることを懸念し、あまり積極的に口に出しては言わないことも、一面の事実である。

筆者もまた、そうした誤解を受けることを懸念する人間であり、本書で、こうした体験を語ることに、正直に言えば、ためらいはある。

そして、何度も述べてきたように、筆者は、科学的教育を受け、工学研究者としての道を歩んできた人間でもあり、こうした現象を、すぐに「霊的世界」や「背後霊」、「超能力」や「UFO」といった思考停止的な解釈に結びつける非科学的説明には、全く納得がいかない人間でもある。

だが、一方で、筆者は、そうした科学的・研究者的バックグラウンドを持つがゆえに、現実に自分自身が何度も体験する「予感」や「予見」、さらには「未来の記憶」と呼ぶべき出来事について、何らかの科学的説明が存在しないのかを考える人間でもある。

では、なぜ、我々の人生においては、こうした「予感」や「予見」、「未来の記憶」と呼ぶべき現象が起こるのか。そうした現象に、科学的説明はできないのだろうか。

## 最先端の量子科学が解き明かす「運気」の正体

そもそも、こうした「予感」や「予見」、「未来の記憶」のような現象は、過去に見た光景や、過去に撮った写真が、未来に起こる現実と、不思議な一致を示すという意味で、「時間を超えたシンクロニシティ」と呼ぶべき現象であるが、では、なぜ、こうした現象が起こるのか。

本書においては、誤解を恐れず、敢えて、**現代科学の最先端で議論されている一つの「仮説」**を述べよう。

ただし、以下に述べることは、一見、我々の日常的な常識を超えた理論と思われるかもしれないが、それは、決して怪しげな理論ではなく、原子力工学の博士課程で学んだ筆者の知見から見ても、一つの科学的仮説として検討に値するものである。

では、その仮説とは何か。

それは、**「ゼロ・ポイント・フィールド仮説」**と呼ばれるものである。

この「**ゼロ・ポイント・フィールド**」(**Zero Point Field**)とは、端的に言えば、この宇宙のすべての場所に遍在するエネルギー場のことであるが、この場に、宇宙の過去、現在、未来のすべての情報が記録されているという仮説である。

こう述べても、分かりにくいと思うが、現代科学の最先端の**量子物理学**(**Quantum Physics**)においては、**何もない「真空」の中にも、膨大なエネルギーが潜んでいること**が明らかにされている。このことは、「真空＝無」と考える一般の常識からすると、なかなか理解できないことであるが、量子物理学では、「量子真空」(Quantum Vacuum)と呼ばれる極微小の世界の中に、膨大なエネルギーが存在していると考えられている。

そのことを象徴するのが、現代の最先端の宇宙物理学が提唱する「**インフレーション宇宙論**」である。これは、我々の生きるこの宇宙が、どのようにして誕生したかという「宇宙創成」の理論であるが、この理論においては、一三八億年前には、この宇宙は存在しなかった。ただ、そこには、量子真空が存在した。しかし、その量子真空が、あるとき、ふと「ゆらぎ」を起こし、その直後に、急激な膨張(インフレーション)を生じ、大爆発

（ビッグバン）を経て、この宇宙が誕生したと考えられている。

　このように、量子真空は、その中に、この壮大な宇宙を生み出すほどの膨大なエネルギーを宿しているが、この**量子真空の中に「ゼロ・ポイント・フィールド」と呼ばれる場が存在し、その場に、この宇宙の過去、現在、未来のすべての出来事が、「波動」として「ホログラム的な構造」で記録されているという仮説**が、現在、注目されているのである。

　ここで、この宇宙で起こったすべての出来事が「波動」として記録されていると述べると、あなたは驚かれるかもしれないが、それは、実は、現代の最先端科学の視点から見ると、極めて合理的な仮説である。

　なぜなら、先ほどの量子物理学が明らかにしているように、**我々の目の前にある「物質」というものは、本来、存在しない**からである。

　こう述べると、さらに驚かれるかもしれないが、**我々が「物質」**と思っているものの実**体は、すべて、「エネルギー」であり、「波動」に他ならず、それを「質量を持った物質」や「固い物体」と感じるのは、我々の日常感覚がもたらす錯覚にすぎない。**

従って、「この宇宙で起こったすべての出来事」とは、それが、銀河系宇宙の生成であろうが、この地球の誕生であろうが、あなたが地球上に生を享けたことであろうが、いま、この本を読んでいることであろうが、究極、すべては、この宇宙の中で起こった「エネルギー」と「波動」の動きに他ならず、その「波動」のすべての痕跡が、「波動干渉」の形でホログラム的に記録されているという仮説は、ホログラムというものが、ほぼ無限に近い膨大な情報を記録できることを考えるならば、科学的に見ても、一定の合理性を持っていると言える。

この「ホログラム構造」については、後ほど、説明しよう。

## すでに、「未来」は存在するのか

ただ、こう述べると、あなたは、次の疑問を持たれるのではないだろうか。

「いま、『未来のすべての情報』と言ったが、未来とは『未だ来たらず』という意味であり、まだ存在していないから『未来』ではないのか？」

たしかに、「未来」とは「未だ来たらず」という意味の言葉であり、「過去」とは、「すでに過ぎ去った」という意味の言葉である。そのため、我々は、「過去」とは、一度生起し、存在したものであるが、「未来」とは、まだ生起しておらず、存在していないものであると考える。

そして、この「時間は過去から未来に向かって一方向に流れていく」という感覚は、我々の日常感覚そのものでもあるため、我々は、「未来とは、まだ、存在していないもの」であるということを「常識」と思っている。

筆者の日常感覚も、当然ながら、その通りである。

しかし、驚かれるかもしれないが、実は、**現代物理学の世界では、過去、現在、未来は、同時に存在しているものとされている。**

例えば、かつて、天才的物理学者、アルバート・アインシュタインは、良く知られる「**相対性理論**」（**Theory of Relativity**）において、我々が生きる三次元の「空間」に、第四の次元として「時間」を加え、四次元の「**時空連続体**」（**Space-Time Continuum**）という考え方を提唱した。

この「時空連続体」においては、過去、現在、未来は、同時に存在するものとして扱われている。

また、やはり、現代の最先端物理学者、ポール・デイヴィスは、時間というものを「**タイムスケープ**」（**Time-Scape**）として捉えている。それは、丁度、「ランドスケープ」（Land-Scape）、すなわち「風景」と同様、地図を広げると、すべての山や河や地形が一目で見て取れるように、この宇宙の空間的な広がりのすべてと、宇宙の時間的広がり（歴史）のすべてが、一目で見て取れるものである。

この「タイムスケープ」においても、過去、現在、未来は、同時に存在するものとして捉えられている。

このように、現代物理学における時間の捉え方は、我々一般の人間の「日常感覚」としての時間の捉え方とは、大きく異なっているため、「過去、現在、未来のすべての情報」と言われると強い戸惑いを覚えるが、ひとたび、この捉え方を受け入れると、なぜ、我々が「予感」や「予見」「未来の記憶」といったものを感じるのか、その理由を理解するための扉を開くことができる。

ちなみに、アインシュタインが、友人との書簡の中で、次の言葉を残していることは、良く知られている。

「我々物理学者にとっては、過去、現在、未来というものは幻想なのです。それが、どれほど確固としたもののように見えても、幻想にすぎないのです」

## 我々の「未来」と「運命」は、すでに決まっているのか

しかし、こう述べても、なお、あなたは、次の疑問を持たれるかもしれない。

「そのゼロ・ポイント・フィールドに、『過去』と『現在』だけでなく、『未来』の情報も記録されているということは、我々の人生の未来は、すべて決まってしまっているのか？　我々の運命は、すべて決まってしまっているのか？」

これも、当然の疑問であろう。

しかし、この疑問に対する答えは、「否、**我々の人生の未来は決まっていない**」である。

なぜなら、先ほど、未来の出来事を夢の中で見る「予知夢」ということを述べたが、世の中では、この予知夢を見た結果、それが現実になった事例と、予知夢を見て行動を変えた結果、それが現実になることを回避した事例の両方が存在するからである。

前者の事例としては、先ほど述べたリンカーン大統領の予知夢があるが、一方で、自分が乗った船が沈む夢を見て乗船を取りやめたら、その船は沈んだが、自分は助かったという事例も存在するからである。

では、なぜ、こうした正反対のことが起こるのか。

実は、この**「ゼロ・ポイント・フィールド」に記録されている未来は、「可能性の未来」だからである。**言葉を換えれば、このフィールドに繋がることによって予見される未来は、無数にある未来の可能性の中で、最も起こりそうな未来だからである。従って、現在の行動が変わることによって、その最も起こりそうな未来ではない、別の未来が実現することも大いにある。

少し難しい専門的な話になるが、量子物理学の世界では、例えば、**電子の位置は、観測する前は、様々な場所に存在する可能性の集まり、すなわち「確率分布」としてしか分からない。しかし、観測することによって、その位置が「確定」する**のである。

これが、量子力学における「**波動関数**」（**Wave Function**）の考え方であるが、量子真空を実体とする「ゼロ・ポイント・フィールド」も、同様に、様々な「未来」の可能性を「確率分布」の情報として持っているのであり、それが「現在」になった瞬間に、一つの可能性が「現実」として「確定」するのである。

従って、我々が「ゼロ・ポイント・フィールド」に繋がって「未来」を予見するとき、それは、確実に到来する未来を予見しているのではない。それは、最も起こりそうな、高い確率の未来を予見しているのである。そして、我々が具体的な行動を通じて、その「可能性の未来」を「現在」にしたとき、一つの未来が確定するのである。

こう述べても、まだ分かりにくいと感じられるかもしれないが、紙幅の許す範囲で説明すると、これが「ゼロ・ポイント・フィールド仮説」が教える「可能性の未来」である。

## なぜ、我々の心が「ゼロ・ポイント・フィールド」と繋がるのか

さて、もう一つ、やはり専門的な話になるが、大切なことを説明しておこう。

先ほど、「ゼロ・ポイント・フィールド」には、**すべての情報が「波動」として「ホログラム的な構造」で記録されている**と述べたが、これは、正確には、波の干渉を使った「ホログラム」の原理で情報が記録されているという意味である。

ホログラムとは、人気映画『スター・ウォーズ』で、主人公、ルーク・スカイウォーカ

ーの前に、レイア姫が、小さな投影機から三次元の立体映像として浮かび上がるシーンがあるが、あれが、ホログラムである。

このホログラム技術は、「波動干渉」を利用して情報を記録する技術であるが、角砂糖ほどの大きさの媒体に、国立図書館の全蔵書の情報が収められるほど、膨大な情報が記録できるものである。従って、**「ゼロ・ポイント・フィールド」がホログラム的な構造で情報を記録しているのであれば、ほぼ無限に近い膨大な情報を記録することが可能である。**

そして、この「ゼロ・ポイント・フィールド仮説」は、**我々の「心」が、この「ゼロ・ポイント・フィールド」と量子レベルで繋がっており、そのため、我々は、「ゼロ・ポイント・フィールド」から情報を受け取ることができ、また、この場に情報を送ることができる**という仮説でもある。

これも、我々の日常感覚では理解し難い仮説であるが、実は、現代の最先端の脳科学の世界では、この仮説を裏付ける「**量子脳理論**」(**Quantum Brain Theory**) に注目が集まっている。

この理論は、理論物理学者のロジャー・ペンローズと麻酔科医のスチュワート・ハメロフによって提唱されているものであるが、分かりやすく言えば、我々の脳の働きにおいて、量子的プロセスが深く関与しているとの観点から、意識の問題や脳内コミュニケーションの問題を解明しようとするものである。従って、もし我々の脳が、そのコミュニケーションに量子的プロセスを使っているのであれば、この脳が、「ゼロ・ポイント・フィールド」と量子レベルで繋がっていることは、大いにあり得ることである。

ただし、冒頭の記述で、「脳」ではなく「心」と書いたのは、脳科学の研究が進んだ現在でも、「心」というものが「脳」の作用から生まれてくるものなのか、それとも、「身体全体」の作用から生まれてくるものなのか、さらに、それ以上の何かなのかが、明らかになっていないからである。

この点は、先ほどの「量子脳理論」とともに、「量子生物学」の分野が進展することによって明らかになっていくであろうが、いずれにしても、我々の「心」が、量子的プロセスで「ゼロ・ポイント・フィールド」に繋がっているという仮説は、十分、科学的検討に値するものであろう。

## なぜ、「引き寄せの法則」というものが存在するのか

そして、もし、この「ゼロ・ポイント・フィールド」のホログラム仮説と「量子脳理論」の仮説が正しければ、**なぜ、我々の心の中に存在する想念が、それと似たものを「引き寄せる」のか**についても、合理的な説明がつく。

なぜなら、「ゼロ・ポイント・フィールド」に記録されている情報は、それが先に述べたホログラム的な記録であるならば、「波動」として記録されており、また、我々の脳や心の中に存在する想念も、それが量子的プロセスで存在しているのであれば、これも「波動」として存在しているからである。

そして、物理学の世界で良く知られているように、**一つの波動は、その波動と「類似の周波数」のものと「共鳴」を起こす**からである。

従って、我々の脳や心の中にある想念は、脳や心が「ゼロ・ポイント・フィールド」と繋がるとき、そのフィールド内にある「類似の情報」と「共鳴」を起こし、「引き寄せ」を起こすと考えられる。

それが、我々が心の中に抱いた想念は、それと「類似のもの」を引き寄せるという「**引き寄せの法則**」が存在する理由であると考えられる。

もとより、これは、現時点では、一つの「仮説」にすぎないが、この「仮説」は、なぜ、「引き寄せの法則」というものが、古今東西、多くの識者によって一つの「理論」として語られ、また、多くの人々によって「体験」として認められているかについて、科学的な説明の光を当てることができるものであろう。

さて、少し難しい説明になってしまったが、もう一度要点を述べるならば、「量子真空」を前提とした、この「ゼロ・ポイント・フィールド仮説」とは、次の三つを柱とする仮説である。

**第一　この宇宙のすべての場所には、「ゼロ・ポイント・フィールド」と呼ばれるエネルギー場が遍在している。**

**第二　そして、この「ゼロ・ポイント・フィールド」には、我々の生きるこの宇宙の過去、現在、未来のすべての情報が記録されている。**

**第三　従って、我々の心が、この「ゼロ・ポイント・フィールド」に何らかの形で繋がったとき、我々は、過去、現在の出来事はもとより、未来に起こる出来事をも、予感、予見することができる。**

すなわち、我々の心の世界には、この「ゼロ・ポイント・フィールド」と繋がる第五の世界、「超時空的な無意識」の世界があり、このフィールドには時空を超えたすべての情報が集まっているため、この「超時空的無意識」の心の状態になると、「空間を超えたシンクロニシティ」だけでなく、「時間を超えたシンクロニシティ」が起こると考えられる。

## 「死後の世界」や「前世の記憶」「生まれ変わり」は、全くの迷信なのか

そして、もし、「量子真空」の中に存在する、この「ゼロ・ポイント・フィールド」の性質が科学的に明らかにされ、「**時間と空間を超えた情報伝達**」が起こることが説明できるならば、これまで科学が説明できなかったがゆえに、「偶然」や「錯覚」、「誤解」や「幻想」、「思い込み」や「迷信」などとされてきた、次のような現象についても、合理的な説明が可能になる。

「以心伝心」「テレパシー」「透視」「遠隔透視」
「予知」「予言」「デジャヴ」「未来の記憶」
「枕元に立つ」「夢枕に立つ」「霊的交信」「背後霊」
「前世の記憶」「生まれ変わり」

こう並べると、筆者が、極めて怪しげなことを述べていると思われるかもしれないが、それは、逆である。

こうした言葉で表される不思議な現象や体験は、昔から極めて多くの人々によって報告されているが、科学的に、その存在の有無が証明できないがゆえに、多くの人が、「超能力」や「死後の世界」「霊的世界」「前世」といった、その実体の分からない「ブラックボックス」的な概念を、半信半疑ながらも、受け入れている。

それに対して、この「ゼロ・ポイント・フィールド仮説」は、そうした不思議な現象や体験が生まれてくる理由を、それなりに科学的な基盤のうえに説明しようとするものであるため、**「ブラックボックス的思考」**、すなわち、実体の分からない概念を無条件に受け入れ、思考停止に陥ってしまうという落し穴を避けることができるのである。

ただし、この「ゼロ・ポイント・フィールド仮説」は、我々の誰もが心の奥深くに抱いている「死への恐怖」と、そこから生まれてくる「死んでも命はあると思いたい」「死後の世界があって欲しい」という願望に対して、冷静かつ客観的に、その願望とは別な解釈を提示してくる可能性もある。その意味は、また別の機会に語ろう。

## 昔から多くの人々が信じてきた「神」や「仏」というものの実体は何か

以上述べてきたことが、現代科学の最先端が解き明かしつつある「ゼロ・ポイント・フィールド」と呼ばれるものであり、本書において第五の心の世界、「超時空的無意識」の世界と呼ぶものであるが、もし、現代科学によって、この「ゼロ・ポイント・フィールド」の性質が解明されるならば、それは、**数千年の歴史を超え、人類が永く抱いてきた最も重要な問い**に、答えを出す可能性がある。

それは、**「神」「仏」「天」というものの実体は何か**、という問いである。

もし、この「ゼロ・ポイント・フィールド仮説」が正しければ、このフィールドには、この宇宙の過去、現在、未来のすべての出来事の情報が記録されており、そこに生まれたすべての叡智が記憶されている。そして、このフィールドに繋がることによって、様々な

「引き寄せ」が起こり、様々な出来事が起こるとすれば、**このフィールドこそが、人類の歴史始まって以来、多くの人々が信じてきた「神」「仏」「天」と呼ばれるものの実体に他ならない。**

そして、**この「ゼロ・ポイント・フィールド」に繋がる方法が、昔から、様々な信仰や宗教において、「祈り」や「祈祷」、「ヨガ」や「座禅」、「瞑想」と呼ばれてきた諸種の技法に他ならない。**

そうであるならば、こうした技法によって、我々の心が、ポジティブな想念を持ち、この「ゼロ・ポイント・フィールド」に深いレベルで繋がるとき、様々な「引き寄せ」の現象が起こり、「直観」「予感」「好機」「シンクロニシティ」「コンステレーション」といったことが起こり、「良い運気」を引き寄せていくことは当然であろう。

すなわち、こう考えてくるならば、多くの人々が、「神」「仏」「天」の存在を信じ、「祈り」や「祈祷」を通じて、「ゼロ・ポイント・フィールド」に繋がり、「良きもの」を引き寄せたとき、「神の加護」「仏の慈悲」「天の導き」が与えられたと感じることにも、合理的な理由があると言える。

## なぜ、最先端の科学の知見と、最古の宗教の直観が一致するのか

ところで、先ほど、「ゼロ・ポイント・フィールドには、この宇宙の過去、現在、未来のすべての出来事の情報が記録されている」と述べた。

もし、それが本当であるならば、このフィールドに繋がることによって、この宇宙の始まりの瞬間の情報も、我々は、知ることができるのであろうか。

そのことを考えるとき、**「最先端の科学の知見」と「最古の宗教の直観」の間に起こっている不思議な一致**に気がつく。

なぜなら、現代科学の最先端宇宙論によれば、先ほど述べたように、この宇宙は、一三八億年前に「量子真空」から生まれたとされているからである。

そして、その「量子真空」が、あるとき「ゆらぎ」を起こし、急激に膨張してインフレ

ーション宇宙を生み出し、続いて、大爆発を起こしてビッグバン宇宙を生み出し、このビッグバンの直後に、この宇宙は、「**光子**」（**フォトン**）で満たされたとされているからである。

こう述べてくると、科学と宗教の間に、不思議な一致があることに気がつく。

なぜなら、仏教の経典『般若心経』においては、「**色即是空、空即是色**」と語られており、この「世界」（色）は、すべて「真空」（空）から生まれてきたと述べているからである。

また、キリスト教の『旧約聖書』、天地創造を語った創世記の冒頭の一節は、「**神は『光あれ』と言われた**」と書かれており、神がこの世界を創ったとき、最初に「光」（光子）が生まれたと述べているからである。

これは、単なる「偶然の一致」であろうか。

この「最先端の科学の知見」と「最古の宗教の直観」との一致は、単なる偶然なのであろうか。

しかし、もし、この『般若心経』を著した仏教の僧侶や、『旧約聖書』を著したキリスト教の聖職者が、「祈り」や「祈祷」を通じて「ゼロ・ポイント・フィールド」に繋がったのであれば、この宇宙が誕生した瞬間の記憶を、「宗教的な直観」として把握したとしても、決しておかしくはない。

さて、ここまで、筆者の考えを率直に述べてきたが、もとより、この「ゼロ・ポイント・フィールド仮説」は、いまだ、科学的に証明された「実証理論」ではなく、現時点では、あくまでも「仮説」にすぎない。しかし、この仮説は、現代科学の最先端の量子物理学や量子生物学の知見に基づいて考察されたものであり、筆者は、今後、様々な形で科学的検討をしていくに値する興味深い仮説であると考えている。

ちなみに、世界賢人会議ブダペストクラブの創設者、アーヴィン・ラズロ博士は、宇宙の過去、現在、未来のすべての情報を記録する、この「ゼロ・ポイント・フィールド」を、古代インド哲学で語られる「アーカーシャ」、すなわち、宇宙誕生以来のすべての存在についての、あらゆる情報が記録されている場の名称にちなんで、「**アカシック・フィールド**」

(Akashic Field) と呼んでいる。

また、同様の概念は、実は、仏教の唯識思想にも存在する。すなわち、唯識の思想に基づけば、我々の意識の奥には、「末那識《まなしき》」があり、さらにその奥には、**「阿頼耶識《あらやしき》」**と呼ばれるものがある。そして、この「阿頼耶識」には、過去のすべての結果であり、未来のすべての原因となる「種子」が眠っているとされている。

## なぜ、天才は、アイデアが「降りてくる」と感じるのか

ところで、先ほど、我々の心は、この「ゼロ・ポイント・フィールド」と量子レベルで繋がっており、我々の心は「ゼロ・ポイント・フィールド」から情報を受け取ることができ、また、この場に情報を送ることができると述べた。

もし、そうであるならば、**我々が発揮する直観力や想像力、発想力や創造力といったも**

のは、実は、我々の「脳」が生み出すものではなく、「ゼロ・ポイント・フィールド」から与えられるものであるとも言える。

このこともまた、現時点では「仮説」にすぎないが、もし、このことが科学的に実証されるならば、我々が、自らの「才能」や「能力」というものを考えるときの、根本的なパラダイム転換をもたらす可能性がある。

実際、これまで世に現れた多くの「天才」と呼ばれる人々は、研究や学問、芸術や音楽など、分野を問わず、職業を問わず、そのアイデアや発想がどこから生まれてくるのかを問われたとき、誰もが、例外なくと言って良いほど、「**どこかから降りてきた**」「**天啓のごとく与えられた**」といった表現をする。「頭で考え抜いて、思いついた」といった表現をする人は、あまりいない。

そうであるならば、我々一般の人間と、「天才」と呼ばれる人間の違いとは、生まれつきの脳の構造の違いでも、遺伝子的なＤＮＡの違いでも、先天的な能力の違いでもなく、

**「ゼロ・ポイント・フィールド」と呼ばれるものと繋がる能力の違い**であり、その能力は、**「心の世界を変える技法」**を修得することによって、後天的に身につけられるものであるとも言える。

そして、本書の主題に戻って言えば、「良い運気を引き寄せる力」の違いというものも、実は、「持って生まれた運の強さ」といったものではなく、このフィールドに繋がる能力の違いであり、やはり、その力は、「心の世界を変える技法」を修得することによって、後天的に身につけられるものである。

こう述べると、あなたは、当然、次の疑問を持たれるだろう。

では、その「心の世界を変える技法」とは、何か。

その技法については、この後、第四話、第五話、第六話において、詳しく語ろう。

## 無意識は、さらに深い心の世界への入り口にすぎない

さて、以上、この第二話においては、我々の心には「五つの世界」があること、それぞれの世界で、どのような形で「引き寄せ」が起こり、どのようにして「良い運気」を引き寄せるのかについて述べてきた。

そして、我々の心が、どの意識のレベルと繋がるかによって、起こる現象が違ってくること、「運気」の表れ方も違ってくることを述べた。

では、我々が、人生や仕事において、「良い運気」を引き寄せるためには、この「心の五つの世界」にどう処するべきであろうか。

まず、ここまでの話を振り返ってみよう。

第一話では、我々の「心の状態」が、その心と共鳴するものを「引き寄せる」ことを述べ、従って、「良い運気」を引き寄せるためには、心の世界が「ポジティブな想念」で満たされていることが必要であることを述べた。

第二話では、我々の心には、次の「五つの世界」があることを述べ、それぞれの世界で何が起こるのかを述べた。

第一　個人的な意識の世界
第二　集合的な意識の世界
第三　個人的な無意識の世界
第四　集合的な無意識の世界
第五　超時空的な無意識の世界

では、これらの話を踏まえ、我々が「良い運気」を引き寄せるためには、この「五つの世界」に、どう処すれば良いのか。

最初に結論を述べるならば、**これら五つのうち特に重要なのは、その中心にある「個人的な無意識」の世界である。**

この「個人的な無意識」とは、世の中では「潜在意識」や「深層意識」とも呼ばれるものであるが、本書では、この後は、短く「**無意識**」と呼ぼう。そして、「個人的な意識」を「**表面意識**」と呼ぼう。

では、なぜ、この五つのうち、第三の「無意識」の世界が重要なのか。

**三つの理由**がある。

**第一の理由**は、人間集団や組織や社会における「集合的な意識」や「集合的な無意識」の世界は、小さな人間集団を除いて、個人の「表面意識」では直接的に働きかけることが難しいからである。

**第二の理由**は、「無意識」の世界の方が「表面意識」の世界よりも強力だからである。

そのため、「無意識」の世界にネガティブな想念が満ちていると、「表面意識」の世界に、どれほどポジティブな想念があっても、「ネガティブなもの」を引き寄せ、「良い運気」を遠ざけてしまうからである。

**第三の理由**は、「無意識」の世界は、「集合的な無意識」の世界や「超時空的な無意識」の世界への入り口であり、この「無意識」の世界を通じて、さらに心の奥深くにある二つの世界に繋がることができるからである。

従って、「無意識」の世界をポジティブな想念で満たすことができると、「集合的な無意識」の世界や「超時空的な無意識」の世界でも「ポジティブなもの」を引き寄せ、「直観」や「予感」や「好機」、「シンクロニシティ」や「コンステレーション」という形で、「良い運気」を引き寄せることができるからである。

そして、先ほども述べたように、この「無意識」の世界をポジティブな想念で満たすことができるならば、「ゼロ・ポイント・フィールド」から、必要なものを、必要なとき、必要な形で引き寄せるため、ただ「良い運気」を引き寄せるだけではなく、直観力や想像力、発想力や創造力が大きく高まり、我々の中の「能力」も大きく開花していく。

では、「良い運気」を引き寄せ、「能力」を開花させるために、どうすれば、この「無意識」の世界をポジティブな想念で満たすことができるのか。

しかし、実は、**この「無意識」の世界をポジティブな想念で満たすことは極めて難しい。**

これまで多くの書籍や文献で「無意識を変える方法」として、

**表面意識にポジティブな想念を強く持てば、**
**それが無意識の世界にも浸透し、**
**「良い運気」を引き寄せる**

ということが語られてきた。

だが、実際には、**そうした方法を実践しても上手《うま》くいかないという人が多い。**効果が得られないという人も多い。

それは、もしかすると、あなたも感じているのではないだろうか。

では、なぜ、従来の方法が上手くいかないのか、なぜ、効果を発揮しないのか。

その理由を、次の第三話で明らかにしよう。

第三話

# なぜ、従来の「無意識を変える方法」が効果を発揮しないのか

すでに述べたように、無意識の世界をポジティブな想念で満たすことの重要性は、昔から多くの書籍や文献で語られており、同時に、「無意識を変える方法」についても様々な方法が語られてきた。

例えば、世界中で多くの人々に読まれている著名な書籍としては、ジョセフ・マーフィーの『眠りながら成功する』や、ナポレオン・ヒルの『思考は現実化する』、さらに最近では、ロンダ・バーンの『ザ・シークレット』などがあり、それ以外にも、枚挙に暇がな

いほど多くの書籍が世に出されている。

そして、それらの書籍で共通に語られているのは、無意識の世界にポジティブな想念を浸透させることが「良い運気」を引き寄せるために不可欠の方法であるということである。

そのため、これらの書籍は、いずれも、表面意識の世界でポジティブな想念を強く持てば、それが自然に無意識の世界にも浸透し、「ポジティブな出来事」や「ポジティブな出会い」を引き寄せることを述べており、そのための具体的な方法としては、

「ポジティブな想念を、強く抱く」

「ポジティブな言葉を、何度も語る」

「ポジティブな言葉を書いて、繰り返し見る」

「ポジティブなイメージを、心に焼き付ける」


といったことを語っている。

例えば、新たに起こした事業に成功したければ、「この事業は必ず成功すると、心に強く抱く」「この事業は必ず成功するという言葉を、口に出して何度も語る」「事業成功という言葉を書いて壁に貼り、毎日、繰り返し見る」「事業が成功したシーンを具体的にイメージし、心に焼き付ける」といったことを実行することを勧めている。

そのため、「無意識の世界をポジティブな想念で満たす」ことの大切さは、多くの人が理解しており、そのために提案されている方法についても、多くの読者が実践しているが、実は、こうした「無意識を変える方法」を素朴に実践しただけでは、決して、無意識の世界を変えることはできない。無意識の世界をポジティブな想念で満たすことはできない。

では、なぜ、これまで語られてきた「無意識を変える方法」では、無意識の世界を変えることができないのか。その世界をポジティブな想念で満たすことができないのか。

それには、大きく三つの理由がある。

**第一の理由は、我々の無意識の世界には、日々、多くのネガティブな想念が刷り込まれ**

続けているからである。

第二の理由は、我々の無意識の世界には、すでに、かなりのネガティブな想念が染み込んでしまっているからである。

そして、第三の理由は、我々の無意識の世界は、表面意識の世界と反対の想念が生まれる「双極的な性質」を持っているため、ポジティブな想念を抱こうとすると、逆に、心の奥深くにネガティブな想念が生まれてしまうからである。

## なぜ、我々の心は、常に、ネガティブな想念に支配されているのか

では、第一の理由、なぜ、我々の無意識の世界には、日々、多くのネガティブな想念が刷り込まれ続けているのか。

なぜなら、**世に溢れる「ネガティブな情報」**の洪水によって、我々の心の中に、毎日、大量のネガティブな想念が染み込んでくるからである。

特に深刻な問題は、毎日、何気なく目に入ってくるメディアの情報が、我々の無意識に、ネガティブな想念を刷り込み続けていることである。

例えば、たまたまテレビ番組で見た怖い病気のこと。新聞で何気なく読んだ悲惨な交通事故のこと。電車の雑誌広告で目にした陰惨な犯罪のこと。

こうした情報が、日々、気がつかないうちに、我々の無意識の世界に、不安感や恐怖心などのネガティブな想念を刷り込み続けている。

この問題の深刻さを論じたのが、ウィルソン・ブライアン・キイの『メディア・セックス』や『メディア・レイプ』という著書であるが、ブライアン・キイは、これらの著書を通じて、日々、メディアから大量に繰り返し流される情報が、**気がつかないうちに、我々の意識下（サブリミナル）に刷り込まれていき、我々の行動を無意識に支配してしまうこ**

との危険性に警鐘を発している。

すなわち、テレビやラジオ、新聞や雑誌、ウェブやSNSなどのメディアから、毎日大量に流される「ネガティブな情報」の洪水は、この「**サブリミナル効果**」を通じて、我々の無意識の世界に、多くのネガティブな想念を染み込ませてしまっており、それが、簡単な技法で無意識の世界をポジティブな想念で満たすことができない理由である。

では、**第二の理由、なぜ、我々の無意識の世界には、すでに、かなりのネガティブな想念が染み込んでしまっているのか。**

なぜなら、誰の中にも、**過去の人生の「ネガティブな体験」**があり、それが、心にネガティブな想念を固着させてしまっているからである。

例えば、子供の頃、いつも親から「お前は駄目な子だね」と言われ続けた人は、表面意識では忘れていても、無意識の世界に「自分は駄目な人間だ」という自己限定のネガティブな想念を抱えている。

また、例えば、子供の頃から、自分の容姿について強い劣等感を持っている人は、やはり、無意識の世界に「自分はこんな容姿だから」という自己否定のネガティブな想念を抱き続けている。

同様に、過去の人生において、貧しい家庭環境や家庭内での暴力、勉強ができない劣等感、進学や就職における挫折感など、極めてネガティブな体験を味わった人もまた、表面意識ではその記憶が薄れていても、無意識の世界に自己限定や自己否定のネガティブな想念を抱えている。

そして、何より怖いことは、こうした極端なネガティブ体験が無くとも、**我々は、多かれ少なかれ、過去に味わったネガティブな体験に起因する不安や恐怖、不満や怒り、嫌悪や憎悪、そして、自己限定や自己否定といったネガティブな想念を、心の奥深くに抱いているということである。**

実際、あなただけでなく、筆者も含めて、人間であるかぎり、誰もが、心の奥深くに、多かれ少なかれ、そうしたネガティブな想念を抱いている。

しかし、こうした想念は無意識の世界に存在するものであるため、当然のことながら、表面意識では、その存在にあまり気がつかない。

実は、そこに、このネガティブな想念というものの怖さがある。

例えば、傍目《はため》には、幸せな家庭に育ち、学業も優秀、人から好かれる性格であり、順風満帆の人生を歩んできたように見える人が、心の奥深くに、「親の期待に応えなければ、自分は価値の無い人間だ」といった強迫観念や自己否定の想念を持っていることは、決して珍しくない。そして、その強迫観念や自己否定の想念が、恵まれた境遇にもかかわらず、その人の人生を不幸な方向に導いてしまうこともある。

それでも、もし我々が、少し時間をかけて専門的なカウンセリング（心理療法）を受けるならば、誰もが、自分でも気がつかなかったネガティブな想念を心の奥深くに抱いていることに気がつくだろう。また、専門的なカウンセリングを受けなくとも、「内観」などの技法を用いて自分の心の奥深くを静かに見つめていると、それなりに、心の中のネガティブな想念を発見することはできるだろう。

## 人間は、生涯、その能力の数パーセントしか開花せずに終わる

では、なぜ、そうした「メディアのネガティブ情報」や「人生のネガティブ体験」によって生まれてくる心の中のネガティブな想念が、「良い運気」を遠ざけ、「悪い運気」を引き寄せてしまうのか。

その一つの理由は、**ネガティブな想念が、我々の本来持っている力を萎縮させ、その力が十分に発揮されることを妨げる**からである。

すなわち、第二話で、無意識の世界をポジティブな想念で満たすことは、「良い運気」を引き寄せるだけではなく、我々の「能力」を引き出すことにもつながると述べたが、これは、逆に言えば、我々が無意識の世界に抱いている、不安や恐怖、不満や怒り、嫌悪や憎悪、さらには自己限定や自己否定などのネガティブな想念が、我々が「能力」を発揮することを妨げてしまうことを意味している。

このことを、分かりやすい例で示そう。

もし、いま、筆者が、地面にチョークで三〇センチ幅の二本の線を引き、あなたに、その三〇センチ幅の道を踏み外すことなく歩くように求めたならば、あなたが健常者であれば、何の問題もなく、その道を歩くことができるだろう。

しかし、もし、目の前にあるのが、断崖絶壁の上に架けてある三〇センチ幅の板の橋であったならば、どうか。

おそらく、あなたの心の中に生まれる「落ちたら死ぬ」という恐怖感や、「こんな狭い橋、渡れない」という自己限定の意識によって、足が萎縮し、その橋を一歩も進めないだろう。

すなわち、本来、三〇センチ幅の道を踏み外すことなく歩ける能力を持っているにもかかわらず、**心の中に不安感や恐怖心、自己限定や自己否定の意識を抱いた瞬間に、我々の能力はみじめなほど萎縮し、持てる能力を発揮できなくなる**のである。

そして、これは、こうした肉体的能力だけでなく、直観力や想像力、発想力や創造力などの精神的能力も全く同じである。

このことを理解するならば、先ほど述べたように、我々は誰もが、無意識の世界に、多かれ少なかれ、不安感や恐怖心、自己限定や自己否定というネガティブな想念を抱いているため、実は、我々は誰もが、本来持っている能力を十全に発揮できていないのである。

実際、昔から、深層心理学においては、次の言葉が語られている。

**人間は、生涯において、**
**その潜在能力の数パーセントしか開花せずに**
**人生を終えていく。**

たしかに、この言葉は真実であるが、逆に言えば、もし、我々が、心の奥深く、無意識の世界にあるネガティブな想念、不安や恐怖、不満や怒り、嫌悪や憎悪、自己限定や自己否定といった想念を消すことができるならば、そして、無意識の世界をポジティブな想念で満たすことができるならば、「良い運気」を引き寄せるだけでなく、我々の中に眠っている「潜在能力」が、想像を超えた形で開花するだろう。

実は、世の中で「天才」**と呼ばれる人々は、この「潜在能力」を、普通の人の何倍も開花させた人々に他ならない。**それゆえ、我々も、もし心の中のネガティブな想念を消し、心をポジティブな想念で満たすことが十全にできるならば、同様の才能を開花させる可能性があるのである。

この「**誰の中にも眠る『天才』の可能性**」については、拙著『人は、誰もが「多重人格」――誰も語らなかった「才能開花の技法」』（光文社新書）において詳しく述べたが、しかし、残念ながら、無意識の世界のネガティブな想念を消し、その世界をポジティブな想念で満たすことは、極めて難しい。

その理由は、ここまで述べてきたように、第一に、我々の無意識の世界には、メディアを通じて、毎日、ネガティブな想念が刷り込まれ続けているからであり、第二に、過去のネガティブな体験の結果、すでに、かなりのネガティブな想念が染み込んでしまっているからである。

では、第三の理由は何か。

## 心の世界は、電気の世界と同様、プラスとマイナスが同時に発生する

それは、先ほど述べたように、我々の無意識の世界は、表面意識の世界とは反対の想念が生まれる「双極的な性質」を持っているからである。

すなわち、

**表面意識の世界で、どれほど強く「ポジティブな想念」を持っても、**
**無意識の世界は、逆に、「ネガティブな想念」を持ってしまう**

のである。

それが、無意識の世界は「双極的な性質」を持つということの意味であり、従来の「無意識を変える方法」、すなわち、表面意識で強くポジティブな想念を持つという方法が上手くいかない最大の理由でもある。

では、なぜ、そうしたことが起こるのか。

それは、**心の世界は、電気の世界に似ている**からである。

良く知られるように、電気の世界では、プラスの電荷とマイナスの電荷は、同時に、同じ量、発生する。

例えば、小学校の理科実験で習ったように、ガラス棒を絹の布でこすると、ガラス棒にプラスの電荷が発生する。しかし、そのとき、必ず、絹にはマイナスの電荷が同じ量、発生している。

この現象と同様に、我々が、**表面意識の世界に「プラスの想念＝ポジティブな想念」を強く引き出すと、実は、無意識の世界に「マイナスの想念＝ネガティブな想念」が必ず発生するのである。**

分かりやすい例を挙げれば、我々が、無理矢理、周囲に決意表明をする瞬間に、そうしたことが起こる。

試験でも、試合でも、仕事の目標でも、難しい課題に挑戦するとき、「必ず、合格できる！」「必ず、勝てる！」「必ず、達成できる！」と周りに宣言すればするほど、心の深い所に「はたしてできるだろうか…」「できないのではないか…」「できなかったらどうしょう…」という迷いや不安が生まれる。

このように、表面意識の世界で、無理矢理、ポジティブな想念を引き出すと、無意識の世界に、必ずと言って良いほど、ネガティブな想念が生まれてしまうのである。

そして、こうした無意識の世界が持つ「双極的な性質」がゆえに、従来から提唱されてきた「無意識を変える方法」、すなわち、

「ポジティブな想念を、強く抱く」
「ポジティブな言葉を、何度も語る」

「ポジティブな言葉を書いて、繰り返し見る」
「ポジティブなイメージを、心に焼き付ける」

といった方法が上手くいかないのである。

## 心の中に「ネガティブな想念」を持たない特殊な人間とは

では、どうすれば良いのか。
こうした無意識の世界の持つ「双極的な性質」に対して、どう処すれば良いのか。
そのことを考えるためには、一つの問題を考えてみる必要がある。

「人間は、誰もが、表面意識の世界にポジティブな想念を引き出すと、無意識の世界に、ネガティブな想念が生まれてしまうのか？」

実は、人間の中には、表面意識にポジティブな想念を引き出しても、**無意識の世界にネガティブな想念が生まれない人**がいるのである。

それは、誰か。

無邪気な子供である。

例えば、無邪気な子供に、「君は、大人になったら、何になりたいの?」と訊いたとする。もし、その子供が、「うん、僕は、大人になったら、宇宙飛行士になるんだ!」と答えたとしても、この子供の心の中に、「なれるだろうか…」「なれないのではないか…」「なれなかったらどうしよう…」といったネガティブな想念は、決して生まれない。

なぜなら、この子供は「無邪気」だからである。

すなわち、「無邪気」とは「邪気が無いこと」であり、無邪気な子供には、そもそも**「邪気=ネガティブな想念」が無い**からである。

これに対して、大人は、「無邪気」な子供時代を卒業しているばかりか、なまじ「**分別**」を身につけているため、心の中に、容易にネガティブな想念が生まれてしまう。

なぜなら、「分別」とは、その文字通り、「真と偽」「善と悪」「美と醜」、さらには「達成と挫折」「成功と失敗」「勝利と敗北」といった形で、**物事を二つに分け（別け）てしまう営み**だからである。

そのため、「分別ある大人」は、何かのポジティブな想念（真、善、美、達成、成功、勝利など）を抱いた瞬間に、心の一方に、対極にあるネガティブな想念（偽、悪、醜、挫折、失敗、敗北など）を抱いてしまうのである。

では、我々大人は、ポジティブな想念を心に抱くと、必ず、心の奥深くにネガティブな想念を抱いてしまうのか。

必ずしも、そうではない。

大人でも、子供のように「無邪気な心」を持っている人は、この「想念の分離」が起こらない。

実際、世の中を見渡すと、成功している経営者には、「無邪気な心」を持った人が多い。特に、ベンチャーで成功する起業家などには、「この会社は、必ず大きくなるぞ！」「この事業は、絶対に成功するぞ！」といったことを無邪気に語り、この起業家の頭の中には「挫折」や「失敗」「敗北」といった言葉が無いのではないかと思いたくなるほど楽天的な人物が多い。

そして、これは、経営者や起業家だけでなく、芸術家でも、アスリートでも、一つの分野で成功する人物に共通の特長であるとも言える。

もとより、こうした人物が、単純に「無邪気な人格」だけで仕事をしているわけではない。先ほどの拙著『人は、誰もが「多重人格」』でも述べたことであるが、こうした人物は、他にも「現実的な人格」や「緻密な人格」も持ち合わせており、場面と状況に合わせて人格を切り替えて対処しているということも事実であるが、ただ、この人物が様々な場面で「良い運気」を引き寄せ、仕事を成功に導いていけるのは、この人物の中にある「無邪気さ」や「楽天性」の力であることはたしかである。

## 心の中を「ポジティブな想念」で満たす「三つの技法」

しかし、こう述べてくると、あなたは、次の疑問を抱かれるかもしれない。

「けれども、誰もが、子供のように『無邪気な心』を持てるわけではない。では、そうした『無邪気な心』を持てない人間は、どうすれば良いのか？」

それは、もっともな質問であろう。そして、極めて大切な質問であろう。

ここで、もう一度、この第三話の主旨に戻り、我々が直面する問題を明確にしておこう。

第一　表面意識の世界と無意識の世界をポジティブな想念で満たせば、「ポジティブな出来事や出会い」を引き寄せ、それが「良い運気」を引き寄せる。

第二　しかし、表面意識の世界で、どれほどポジティブな想念を持っても、メディア情報や過去の体験から、すでに無意識の世界に多くのネガティブな想念が刷り込まれており、ポジティブな想念が浸透しない。

第三　また、表面意識の世界で、どれほどポジティブな想念を抱こうとしても、必ず、無意識の世界には、その逆のネガティブな想念が生まれてしまう。

では、この悩ましい問題に、解決法はあるのか。

その解決法は、ある。

しかし、その方法は、従来の「無意識を変える方法」ではない。

従来の方法は、表面意識の世界にポジティブな想念を強く抱くことによって、それを無意識の世界に浸透させることを述べてきた。しかし、そうした方法が上手くいかないのは、すでに無意識の世界に存在する多くのネガティブな想念が、そのポジティブな想念を打ち消してしまうからである。

従って、問題は、表面意識と無意識の世界にあるネガティブな想念を、いかにして消していくかである。

誤解を恐れずに言えば、

**「無意識を変える方法」として最も大切なのは、**
**「ポジティブな想念」を抱く方法ではなく、**
**「ネガティブな想念」を消す方法なのである。**

すなわち、無意識の世界にポジティブな想念を浸透させようとするよりも、むしろ、無意識の世界に潜んでいるネガティブな想念に気づき、それを消していくことの方が、遥《はる》かに重要なのである。

では、その**「ネガティブな想念」を消す方法**とは、いかなる方法か。

本書では、その方法を述べよう。

それは、序話で述べたように**「人生の習慣を改める」「人生の解釈を変える」「人生の覚悟を定める」**という三つの技法であり、具体的には、次の三つである。

**第一「無意識のネガティブな想念」を浄化していく技法**

**第二「人生でのネガティブな体験」を陽転していく技法**

**第三「究極のポジティブな人生観」を体得していく技法**

そこで、この後の第四話、第五話、第六話において、この三つの技法について、それぞれ述べていこう。

しかし、その前に、大切なことを、述べておきたい。

心の中の「ネガティブな想念」を消すという、この三つの技法は、実は、単に**「良い運**

**気を引き寄せる技法**」ではない。
それは同時に、「**病気を克服する技法**」でもあり、「**才能を開花させる技法**」でもある。

それは、なぜか。

そのことを説明するためには、そもそも、なぜ、筆者が、この技法を学び、実践しているかについて述べなければならない。

## 「病気の克服」「才能の開花」「運気の向上」の三つが、同時に実現する技法

実は、筆者は、こうした三つの技法を、「良い運気を引き寄せる」ために、学び、実践し始めたのではない。
その最初の目的は、「病気を克服する」ためであった。

三六年前、筆者は、生死の大病を患った。

医者からは、「もう、命は長くない」との宣告を受け、毎日、自分の命が失われていく不安と恐怖の中で、地獄の底を歩むような日々であった。

いま振り返れば、「このままでは、この体は、どうなってしまうのか」と、未来に対する不安と恐怖に苛《さいな》まれるか、「どうして、こんな病気になってしまったのか」と、過去に対する後悔や自責の念に苛まれる日々を過ごしていた。

それは、言葉を換えれば、日々、最も重い「ネガティブな想念」に包まれて生きていた状態であった。

しかし、そうした日々のなか、いま思えば、何かに導かれたのであろうか、筆者は、ある禅師との邂逅《かいこう》を得た。

そして、その禅師が教えてくれたのが、**「心の浄化」**の技法であった。

すなわち、**心の中にある「負の想念」、不安や恐怖、後悔や自責、さらには、不満や怒り、嫌悪や憎悪という「ネガティブな想念」を根源から払拭していく様々な技法を**、教えられたのである。

死が目前に迫っている状況、藁にもすがる思いで、教えられたその技法を実践し続けた結果、不思議なことに、まず、病の不安や恐怖が消えていき、後悔や自責の念が消えていき、さらには、自分の中から強い生命力が湧き上がり、少しずつではあるが、病が良い方向に向かっていったのである。

そして、一〇年の歳月、この技法を実践し続けた結果、いつか、病が消えていったのである。

いま、筆者が、生死の大病を克服し、こうして活力に満ち、執筆や講演、教育や社会貢献の仕事に取り組めるのも、三六年前に教えられた、この技法のお陰である。

それだけでも有り難いことであったが、この技法を実践することによって、もう一つ、不思議なことが起こった。

それは、「才能の開花」とでも呼ぶべきであろうか。

本来、研究者の道を歩んできた人間が、実業界において、起業家として、経営者として、様々な仕事を成し遂げさせて頂いたことも不思議であるが、さらには、講演の講師として、また、私塾の主宰者として、様々な人材教育に携わらせて頂いていることも不思議である。

また、過去二〇年余りの間に、未来論、社会論、組織論、人間論など、様々な分野において、九〇冊余りの本を上梓させて頂いていることも、顧みれば、若き日に、自身の才能の無さを嘆いていた人間として、不思議である。

そして、この「心の浄化」の技法、心の中の「ネガティブな想念」を払拭する技法を愚直に実践し続けた結果、与えられたのは、この「病気の克服」と「才能の開花」だけではなかった。

本書の主題である「運気の向上」という点でも、不思議なことが起こった。

それは、「才能の開花」とも深く結びついているが、人生と仕事の様々な場面で、必要なとき、必要な人との出会いが与えられるのである。また、人生と仕事の重要な場面で、まさに「シンクロニシティ」と呼ぶべき出来事が起こり、良き方向に導かれるのである。

その体験を述べると優に一冊の本が書けるほどであるが、それは、文字通り、「**不思議な出会いと出来事の連続**」とでも呼ぶべきことが起こるのである。

それは、すべて、三六年前に導かれた、あの禅師との出会いのお陰であるが、この禅師から学んだ「心の浄化」の技法を、永年にわたって日々実践し、筆者なりの思想で体系化してきたものが、これから本書において語る「人生の習慣を改める」「人生の解釈を変える」「人生の覚悟を定める」という三つの技法である。

このうち、第一の「人生の習慣を改める」という技法は、誰でも容易に取り組める技法であり、この本を読まれた後、すぐに実践をしてみて頂きたい。必ず、何かの効果を感じられるだろう。

第二の「人生の解釈を変える」という技法は、少し難易度の高い技法であるが、ひとたび、ここで述べる「解釈力」という力を身につけるならば、心の中のネガティブな想念は、不思議なほど、速やかに消えていくだろう。

そして、第三の「人生の覚悟を定める」という技法は、最も難易度の高い技法であるが、ここで述べる「人生観」を身につけることができるならば、そもそも、ネガティブな想念そのものが心の中に生まれてこない「究極のポジティブ想念」を掴むことができるだろう。

それでは、次の第四話から、これらの技法について、それぞれ述べていこう。

第四話

# 「無意識のネガティブな想念」を浄化していく技法

さて、無意識の世界を変え、「良い運気」を引き寄せるための**第一の技法は、無意識の世界に存在する様々なネガティブな想念を「浄化」していく技法**である。

では、それは、具体的にはどのようなものか。

その技法としては色々なものがあるが、本書では、特に重要な技法を紹介しよう。

それは、日々の習慣を改め、次の「**三つの習慣**」を身につける技法である。

**第一の習慣　自然の偉大な浄化力に委ねる**
**第二の習慣　言葉の密《ひそ》かな浄化力を活かす**
**第三の習慣　和解の想念の浄化力を用いる**

## 自然には、無意識の世界を浄化する偉大な力がある

では、第一の習慣、「自然の偉大な浄化力に委ねる」とは、どのような技法か。
それは、言葉にすれば、素朴な技法である。

**自然の中に身を浸すこと**

こう述べると、あなたは、「そんなことが、無意識を浄化するのか？」と疑問に思われるかもしれないが、実は、この効果は絶大である。

しばしば、小説や映画などでも、主人公が辛い逆境に置かれ、心身ともに疲れ果てて故郷に帰るという場面が描かれる。そして、その故郷で、近くにある海辺に行き、その雄大な海を眺めていると、いま自分の置かれている境遇が小さなことのように思え、心が癒され、立ち直っていくという物語が、よく語られる。

たしかに、空や雲、海や湖、山や森、木々や草花、朝日や夕日、月や星など、自然の雄大さや美しさに接する瞬間、我々の心は無条件に、癒され、浄化されていく。

「大海原を眺めているだけで、心が晴れ渡っていった」
「夜空の星を眺めていると、小さな悩みが消えていった」

そういった心境は、多くの人々が体験していることでもあろう。
そして、あなたも、そうした体験を持っているだろう。

こうした自然の持つ「心の浄化力」は、ただ、表面的に気持ちが爽やかになり、心が洗われるようになるということだけではない。**それは、確実に、我々の無意識の世界のネガティブな想念を洗い流し、浄化してくれる力を持っている。**

しかし、この「自然の浄化力」に委ね、無意識の世界を浄化していくためには、一つ、大切なことがある。

それは、先ほど述べたように、**自然に「身を浸す」こと**である。そして、その**自然と「正対する」こと**である。

実は、ただ、自然の中に身を置いたり、自然を眺めていれば、無意識の世界が浄化されるわけではない。

実際、折角、素晴らしい自然の中に身を置いても、美しい自然を眺めていても、実は、その自然に「正対」しておらず、「身を浸して」いない人は、残念ながら、少なくない。

筆者は、富士五湖地域の自然の中に住んでいるが、何年か前、富士山の五合目近くで、独り、素晴らしい夕日を眺めていたときがある。そこに、にぎやかな学生の集団がやってきて、その夕日を背景に、それぞれピースをしながら記念撮影をし、去っていった。

それは、誰の青春時代にもある、微笑《ほほえ》ましい光景ではあるが、残念ながら、彼等は、最高の自然に「正対する」こともなければ、「身を浸す」こともなく、去っていった。

もし、我々が、本当に自然の浄化力に身を委ね、無意識の世界を浄化したいと思うならば、それが空や海、山や森、朝日や夕日、月や星など、何でも良い、**独り、静かに、その自然に正対し、身を委ねる**ことである。そして、その自然が自分の中に浸《し》み込んでくるイメージを心に描くことである。そのとき、静かに、ゆっくりと、新鮮な空気を深く吸い込み、深く吐き切る呼吸法を併用することが望ましい。

もし、この技法を一つの習慣として身につけ、折に触れ、この技法を実践するならば、我々の表面意識の世界はもとより、無意識の世界も、確実に浄化されていく。

そして、ここで向き合う自然は、決して、有名な観光地の絶景の自然である必要はない。それは、近くの公園の緑でも良い、日々目にする何気ない路傍の木々や草花であっても良い、大切なことは、その自然に虚心に向き合うことである。この技法について、**「習慣として身につけ」「折に触れ実践する」**ということを述べる意味は、その点にある。

## 真の瞑想の状態とは、自然に「起こる」もの

ちなみに、こうした「心の浄化技法」としては、昔から、ヨガや座禅を始め様々な**「瞑想」の技法**が存在する。

もとより、こうした「瞑想」の技法は、それを本当に実践できるならば、心の中にあるネガティブな想念を消し、無意識の浄化を行うことはできるのだが、実は、この「瞑想」の技法は、それほど容易に実践できる技法ではない。

近年、「マインドフルネス」という言葉とともに、この「瞑想」の技法は、一つのブームとなっている感があるが、それを実践する人々の多くが、現実には、「リラクゼーション」の技法や、「内観」の技法のレベルにとどまっており、本当の意味での「瞑想」という状態に参入していける人は、決して多くない。

それは、広義の「瞑想」の一つである**座禅**も、そうである。

しばしば、政治家や経営者で、座禅を組むことを習慣にしている人もいるが、多くの場合、文字通りの「無念無想」の状態に入ることはなく、参禅中も、湧き上がる雑念との戦いを行うか、ときには、足の痛みに耐えながら座禅を組み続けるというレベルに終わってしまう。

では、なぜ、こうしたことが起こるのか。

なぜ、「瞑想」という技法が、難しい技法なのか。

その理由は、瞑想というものの本質が、正しく理解されていないからである。

**瞑想とは、「行う」ものではない。**
**瞑想とは、「起こる」ものである。**

すなわち、本当の瞑想の技法とは、意図的に心を瞑想の状態に「**する**」のではなく、ある瞬間に、心が、ふと瞑想の状態に「**なる**」ことを待つ技法なのである。

逆に言えば、瞑想も座禅も、それが上手くいかない理由は、そこに「**人為的な意図**」があるからである。「無念無想の状態になろう」「瞑想の状態になろう」という人為的な意図そのものが、まさに「雑念」になってしまい、「無念無想」にも、「瞑想の状態」にもなれないという逆説に陥ってしまうのである。

そして、それがゆえに、本書では、無意識を浄化する技法として、敢えて「瞑想」の技法ではなく、「自然に身を浸す」という技法を勧めている。なぜなら、「自然に身を浸す」という技法は、実は、最も容易に瞑想的な心の状態が「起こる」技法だからである。

すなわち、我々が、自然の中に身を置き、自然に身を任せ、自然の素晴らしさに心を奪われる瞬間に、実は、「瞑想」が起こっている。

例えば、我々が、素晴らしい朝日を拝んだり、素晴らしい星空を眺めたりするとき、心の中に、「ああ、素晴らしい朝日だ！」「何て素晴らしい星空だ！」という言葉が浮かんでくる。

実は、そうした「言葉」が生まれる直前の一瞬、まさに、その一瞬に、我々の心の中に「瞑想の状態」が起こっているのである。そして、無意識の世界への扉が開かれているのである。

しかし、その直後、心の中に感動の言葉が生まれたときには、すでに、我々は、表面意識の世界に戻り、「人為の状態」「意図の状態」に戻っているのである。

この機微を理解したとき、我々は、「自然の中に身を浸す」ことによって、一瞬ではあるが、深い瞑想の状態に入ることができる。そして、**瞑想という心的状態においては、**

**「時間」というものが消えてしまう**がゆえに、そこで大切なことは、実は「瞑想の長さ」ではなく、「瞑想の深さ」であり、それゆえ、この「自然の中に身を浸す」という技法もまた、紛れもなく「瞑想の技法」に他ならない。

ただし、このことをもって、筆者は、ヨガや座禅を始めとする瞑想の技法を否定しているのではない。それらの技法には、永い歴史の中で培われた深い思想も高度な技法も存在する。そして、それらの技法を本当に実践するならば、極めて深い意識状態に参入できることも明らかである。だが、その実践のためには、かなりの年月の修行が必要であることも事実である。そのため、こうした技法の表面だけを短期間実践しても、先ほど述べたように、リラクゼーション効果や内観効果が得られるだけにとどまってしまう。

浄土宗の開祖、法然の言葉を借りるならば、こうした宗教的技法には、実は、「**難行**《なんぎょう》**道**《どう》」と「**易行道**《いぎょうどう》」の二つの道がある。すなわち、難しい修行を通じて、極めて高い境涯に向かう道と、誰もが行ずることのできる易《やさ》しい修行を通じて、少しずつ高い境涯に向かう道である。

筆者が本書で勧める「自然に身を浸す」という技法は、その意味で、「易行道」であり、誰もが比較的容易に「瞑想的状態」に入れる方法として提案し、勧めていることを述べておきたい。

## 日常の「何気ない言葉」が無意識に染み込んでいく

では、第二の習慣、「言葉の密かな浄化力を活かす」とは、どのような技法か。
それは、一言で述べるならば、次の二つの技法である。

**第一　ネガティブな日常言葉を使わない**

**第二　ポジティブな日常言葉を使う**

しかし、こう述べると、あなたは、当たり前のことを述べているように思われるかもしれない。

実は、この技法で重要なのは、**「日常言葉」**の部分である。

従来の「無意識を変える方法」においては、多くの場合、ポジティブな言葉を意識的に自分自身に語りかけるという方法が提唱される。しかし、すでに述べたように、我々が意図的に無意識の世界をポジティブにしようと考え、表面意識でポジティブな言葉を語ると、無意識の世界は「双極的な性質」を持っているため、逆に、ネガティブな想念が生まれてしまう。

では、どうすれば、無意識の世界に働きかけ、変えることができるのか。

そのことを知るためには、無意識の世界の持つ、もう一つの重要な性質を理解する必要がある。

それは、次の性質である。

**無意識の世界には、**
**表面意識が気がつかない形で見せられたイメージが浸透し、**
**表面意識が気がつかない形で伝えられたメッセージが浸透していく。**

すなわち、これは、第三話で述べた「**サブリミナル効果**」である。
「サブリミナル効果」とは、例えば、映画の映像の中に、観客も気がつかない特殊な映像のコマを潜ませることによって、観客の無意識に強力に働きかける方法として利用される心理効果であり、映像の中に「灼熱《しやくねつ》の砂漠」や「冷えたコーラ」といったコマを、観客が気がつかない密かなレベルで入れておくと、映画を観終わった後、観客は喉が渇き、コーラが飲みたくなるといった心理効果である。

この「サブリミナル効果」に象徴されるように、我々の無意識の世界には、意図的に伝えられたイメージやメッセージ、言葉よりも、何気ない形で見せられたイメージや、何気ない形で伝えられたメッセージ、さらには、何気ない形で語られた「日常言葉」の方が強く浸透していくのである。

従って、自分の無意識の世界に働きかけようと思うならば、**「意識的な自己暗示」は、実は、あまり無意識の世界に浸透していかないが、「無意識的に使う日常言葉」は、恐ろしいほどに無意識の世界に浸透していく**ことを理解する必要がある。

そして、このことを理解するならば、従来の「無意識を変える方法」が提唱する

「ポジティブな想念を、強く抱く」
「ポジティブな言葉を、何度も語る」
「ポジティブな言葉を書いて、繰り返し見る」
「ポジティブなイメージを、心に焼き付ける」

などの方法が上手くいかない理由が分かるだろう。
そして、本書において先ほど述べた二つの技法を推奨する理由が良く分かるだろう。

第一　ネガティブな日常言葉を使わない
第二　ポジティブな日常言葉を使う

そして、この二つの技法のうち、まず最初に行うべきは、何よりも、「ネガティブな日常言葉を使わない」ということである。

例えば、「駄目だ！」「無理だ！」「酷い！」「最低だ！」といった、物事を強く、感情的に否定する言葉は、日常生活において、できるだけ使うべきではない。

もとより、こうしたネガティブな言葉を日常習慣のように使う人は、表面意識では、それほどの自己破壊的な思いがあるわけではないのだが、こうした言葉が、我々の無意識の世界に浸透していくと、それがネガティブな想念となり、ときに、思わぬ形で自己破壊的なものを引き寄せてしまう。

そして、ネガティブな日常言葉には、もう一つ、理解しておくべき怖い性質がある。

## 他人を非難し否定する言葉は、自分に戻ってくる

それは、**「主語が抜け落ちる」という性質**である。

すなわち、我々が、誰かを非難し否定する言葉を、強く、感情的に語るとき、我々の無意識の世界では、その言葉の「主語」が抜け落ち、「述語」が自分に返ってくるのである。

例えば、「あいつは、駄目な奴だ！」「あの人は、絶対、失敗する！」「あんな人間は、必ず、酷いことになる！」といった誰かを厳しく非難し否定する言葉は、無意識の世界では、主語の部分が消え、「駄目な奴」「失敗する」「酷いことになる」といった述語の部分が、自分に戻ってくるのである。

これは、昔から、**無意識の世界の不思議な性質**と言われるものであるが、日本古来の諺にも、それを教えてくれるものがある。

それは、「**人を呪わば、穴二つ**」という諺である。

これは、「人を呪い殺そうとすれば、相手と自分の墓穴、二つが必要になる」という意味の諺であるが、「殺す」という極端な例でなくとも、誰かを強く恨み、恨みの言葉を心に刻むとき、その相手にも悪しきことが起こるが、同じ悪しきことが、自分にも返ってくることを戒めた言葉である。

従って、「言葉の密かな浄化力を活かす」という習慣の第一の技法は、

**ネガティブな日常言葉を使わない**

という技法である。

そして、まず何よりもこの技法を日常習慣として身につけ、実践した後に、身につけるべきは、第二の技法、

### ポジティブな日常言葉を使う

である。

これは、ここまで語ってきた「無意識の世界の性質」を理解するならば、これ以上の説明は必要ないだろうが、**ポジティブな言葉を使う理由は、「意識的な自己暗示」のためではない。あくまでも、「無意識的な日常用語」として身につけるべきである。**

そのことの意味は、この後、「**三つの感**」の言葉として説明するが、こうした言葉が自然に口を衝いて出るようになると、確実に、無意識の世界が浄化され、ポジティブになっていくと同時に、ポジティブな出来事や出会いを引き寄せ、「良い運気」を引き寄せ、人生そのものが大きく変わっていく。

ちなみに、我々が日常語るポジティブな言葉の持つ力については、昔から、様々な形で叡智として伝えられている。

例えば、曹洞宗の開祖、道元禅師は、著書『正法眼蔵』の中で「**愛語よく廻天の力あることを学すべき**」という言葉を遺《のこ》しているが、これは本書の主旨に即して言えば、「ポジティブな日常言葉（愛語）には、世界を変える（廻天）力がある」という意味でもある。

また、仏教の教える「**八正道**」においても、「**正語**《しょうご》」（正しい言葉を語ること）の大切さが述べられている。

## 「三つの感」の言葉を使うと「良い運気」を引き寄せる

では、ポジティブな日常言葉を使い、無意識の世界を浄化していくためには、どのような言葉を使うべきか。

そのためには、次の「三つの感」の言葉が大切である。

**第一　「感嘆」の言葉**

**第二　「感謝」の言葉**
**第三　「感動」の言葉**

**第一の「感嘆」の言葉とは、誰かの良いところを褒める言葉のことである。**

ただし、この「褒める」ということについては、近年、マネジメントを効果的に行うために「褒める技術」の重要性が語られ、様々な形で「いかに褒めるか」「どのような褒め言葉を使うか」が語られているが、本書で述べる「褒める」ということは、そういう意味ではない。「褒めることによって、相手のモチベーションを上げたり、相手との人間関係を良くする」という**操作主義的な行為**ではない。

昔から、この日本という国では「**愛語讃嘆**」という言葉が語られるが、本書で述べる「褒める」ということの意味は、この言葉の如《ごと》く、相手の良いところ、素晴らしいところを感じたら、ただ、**無条件に、本気で、心の底から**「**褒める**」ということである。

すなわち、本書で述べる「感嘆の言葉」「褒める言葉」とは、あれこれの操作主義的な意図からではなく、ただ自然に感嘆の言葉が口を衝いて出ることに他ならない。

**第二の「感謝」の言葉とは、心から「有り難い」と思って語る言葉である。**

最も分かりやすい例が、**誰か他人から親切にされたとき、心を込め、思いを込めて「有り難うございます」と語ることである。**

一方、商売や営業のときに慣用句として語られる「有り難うございます」は、通常、心や思いが込められていないため、決して、我々の無意識をポジティブにしない。しかし、もし、そうした商売や営業の場面であっても、心を込め、思いを込めて「有り難うございます」と語ることを習慣とするならば、それは確実に、我々の無意識の世界をポジティブにしていく。

また、この「感謝」の言葉を語るのは、誰かから親切を受けたときだけではない。様々な人生の出来事に対して、「有り難い」と口に出して語ることも大切なことである。

例えば、タクシーを飛ばして駅に向かい、発車間際の列車に間に合ったときなど、「有り難い！　間に合った」と、心の中で言葉にして語ることも大切なことである。また、平凡な日常の生活においても、家族が揃って食事をするとき、自然に、「こうして、家族揃って食事ができることは、有り難い」と語ることも大切な習慣である。

そして、こうした形で、人生の様々な出来事への「感謝」を習慣として続けていると、自然に、幸運に見える出来事だけでなく、不運に見える出来事に対しても、「有り難い」と語れるようになってくる。その意味は、第五話で語ろう。

**第三の「感動」の言葉とは、素晴らしい自然などに触れたとき、その感動を表現する言葉である。**

例えば、「素晴らしい星空だ！」「爽やかな風だ！」「最高の夕焼けだ！」といった言葉である。

生物学者、レイチェル・カーソンの遺した言葉に「**センス・オブ・ワンダー**」（**Sense of Wonder**）という有名な言葉があるが、「感動する心」とでも訳すべきこうした感覚を、我々は大切にするべきであり、それを言葉にして語ることをためらう必要はないだろう。

また、こうした「感動」の言葉は、「自然」に触れたときだけでなく、素晴らしい「芸術」や「音楽」に触れたときに語っても良いだろう。

さて、以上述べてきたように、無意識の世界を浄化していくためには、ネガティブな日常言葉を使わないことに加え、ポジティブな日常言葉を使うことが大切であるが、その一つの技法は、「感嘆」「感謝」「感動」の「三つの感」の言葉を大切にすることである。

そして、最初は、こうした言葉を、日常生活において意識的に使うようにする必要があるが、まもなく、それが「習慣」になったとき、自然に口を衝いて出るようになっていく。そのとき、こうしたポジティブな言葉が、我々の無意識の世界に浸透するようになっていき、同時に、無意識の世界のネガティブな想念を浄化するようになっていくだろう。

## なぜ、「言葉」を発するだけで、「心」が変わるのか

この「言葉」と「心」の関係を考えるとき、もう一つ、我々が理解しておくべき大切なことがある。それは、仏教思想で語られる「**身心一如**」という考えである。

すなわち、**我々の「心」と「身体」は、本来、一つであり、「心」が「身体」の姿勢を変えると同時に、「身体」が「心」の姿勢を変える**のである。

同様に、「言葉」を広義の「身体」と考えるならば、**「心」の状態が、語る「言葉」を変えるだけでなく、語る「言葉」が「心」の状態を変えていく**。

これを分かりやすく言えば、我々は、「有り難い」という心を抱くから、「有り難う」という言葉を発するが、逆に、「有り難う」という言葉を発するから、心が「有り難い」という状態になるのも、一面の真実である。

こうした仏教思想の「身心一如」という考えは、西洋においても、哲学者、モーリス・メルロー＝ポンティの「**身体性**」という考えとして、同様のことが語られているが、仏教という宗教思想において、この「身心一如」が語られることには、明確な理由がある。

それは、宗教の一つの目的は、我々の「心の在り方」を変えることであるが、実は、**「心」というものに直接に働きかけて変えることは極めて難しい**からである。そのため、多くの宗教においては、まず、**日常の「所作動作」や「言葉遣い」を変えることによって、「心の在り方」を変えていく**という技法が用いられるわけである。

それが、多くの宗教において**「行」（行い、行為、行動）**という身体的なものが重視される理由であり、**「修行」**が重視される理由でもある。

分かりやすい例を挙げれば、我々は、心が整った状態では、自然に背筋が伸びるが、一方で、背筋を伸ばすと、心が整うという逆の一面がある。同様に、我々は、神社仏閣において「拝む」ということをすると、自然に心が敬虔《けいけん》な状態になる。それは、誰もが経験していることであろう。

ただ、この「身心一如」の理《ことわり》を用い、「言葉」によって「心」に働きかけようとするならば、一つ大切な心得がある。

それは、**日常、何かを語るとき、「心」と「言葉」を一致させる修行をする**ことである。

例えば、「有り難うございます」という言葉を語るときは、心も「有り難い」という思いを抱いて語るようにすることである。誰かを「素晴らしい」という言葉で褒めるときは、心にも「素晴らしい」という思いを抱いて語るようにすることである。

こう述べると、当たり前のことを述べていると思われるかもしれないが、実は、世の中を見渡すと、この**「心」と「言葉」が一致していない人**は決して少なくない。

作り笑いをしながら「有り難うございます」と言う人。「良いんですよ」と相手を許しているようで目が笑っていない人。「素晴らしいですね」と心にも無いお世辞を言う人。心とは全く逆の言葉で相手に接する「面従腹背」の人。

そうした人は、決して少なくない。

こうした「言葉」と「心」が分離した姿勢は、人間の誠実さという意味でも残念なものがあるが、そうした姿勢が日常の習慣となっている人は、ここで述べる「身心一如」の理を用い、「言葉」によって無意識の世界に働きかけようとしても、あまり上手くいかない。

逆に、日々の生活や仕事において、「言葉」と「心」を一致させる修行をしている人は、この「身心一如」の状態が強まっていくため、「日常言葉」によって無意識の世界を浄化することが容易になっていく。

## ネガティブな想念の多くは「人間関係」から生まれる

では、無意識の世界を「浄化」する**第三の習慣**、「**和解の想念の浄化力を用いる**」とは、どのような技法か。

それは、生活や仕事の**人間関係**において、**摩擦や葛藤、反目や衝突がある人と、心の中で、一人一人と和解していく技法**である。

　では、なぜ、この技法が有効か。

　実は、**我々の心の中のネガティブな想念の多くが、「人間関係」での摩擦や葛藤、反目や衝突から発生しているから**である。

　我々は、人間であるかぎり、全く他人との接触をすることなく、独りで生きていくことはできない。しかし、自分自身も含め、誰の心の中にも「エゴ」があり、誰もが、人間としての「未熟さ」を抱えて生きている。

　そうであるかぎり、家族や親戚との人間関係、友人や知人との人間関係、仕事での人間関係を始め、様々な場面で、我々は人との摩擦や葛藤、反目や衝突といった悩ましい問題に直面する。

　例えば、「最近、夫婦仲が悪い」「永年の友人と喧嘩をした」「職場の上司を好きになれない」といった問題である。

それらは、もとより、現実の生活や仕事においても様々なトラブルを引き起こすことがあるが、もし、現実の世界でトラブルを引き起こさなくとも、実は、それらの摩擦や葛藤、反目や衝突は、我々の心の中に、相手への不安や恐怖、不満や怒り、嫌悪や憎悪といったネガティブな想念を生み出し、様々な問題を引き起こす。

こうしたネガティブな想念が、無意識の世界において、ネガティブなものを引き寄せ、「悪い運気」を引き寄せてしまうことについては何度も述べてきたが、ここでの大きな問題は、様々な人間関係から生まれる、そうした心の中のネガティブな想念に、どう対処していくかである。

実は、このネガティブな想念に対処するには、一つの明確な方法がある。

それは、**「すべての人と和解する」**ことである。

自分の心の中で、摩擦や葛藤、反目や衝突を感じている人、さらには、不安や恐怖、不満や怒り、嫌悪や憎悪を感じている人と、すべて「和解」することである。

こう述べると、あなたは驚かれるかもしれないが、それは、これらの人々すべてと直接会って、相手に謝ったり、相手を許したり、互いに和解をしたりすることではない。

それは、現実的には不可能なことであり、また、現実的にそれができるとしても、必ずしも、それをする必要はない。

では、どうするか。

**「心の世界」で、一人一人と和解する**ことである。

すなわち、「現実の世界」ではなく、「心の世界」で、それらの人々と和解していくのである。

そして、そのためには、次の「**三つの手順**」を、続けて行うことである。

## 心の中で「感謝」の言葉を述べ、一人一人と「和解」していく

**第一の手順は、「結ぼれの内観」である。**

まず、「内観」とは、自分の心の中を、隅々まで静かに眺めてみることであるが、これを行うと、様々な人との人間関係の「**心の結ぼれ**」が見えてくる。「心の結ぼれ」とは、摩擦や葛藤、反目や衝突をしていることによる「**心のしこり**」のようなものである。言葉を換えれば、その人のことが心に浮かぶと、「どこか気持ちが引っかかる」「何か嫌な気分が残っている」「思い出すと不愉快になる」といった心の状態であるが、最初の手順は、心の世界を静かに内観し、「心の結ぼれ」や「心のしこり」を見出《みいだ》し、その対象となっている人を、思い浮かべることである。

**第二の手順は、「感情の明確化」である。**

その人を思い浮かべたら、なぜ、その人に対して、「どこか気持ちが引っかかる」「何か嫌な気分が残っている」「思い出すと不愉快になる」といった感情を抱いているのかを、深く、静かに見つめることである。

ここで**「深く」という意味は、「感情の原因」を深く見つめるという意味である。**なぜ、その感情が生まれてきたのかを、深く考えるということである。

例えば、先日、ある人が自分に語った言葉が、なぜか「馬鹿にされた」ように感じ、嫌な気分になっているという場合、深く見つめると、その人が、以前、自分に示した行為が「自分を軽んじている」と感じるものであったからであることに気がつく。

このように、「どこか気持ちが引っかかる」「何か嫌な気分が残っている」「思い出すと不愉快になる」といった感情を、さらに深く見つめ、自分の心が何によって「結ぼれている」のか、「しこりが生まれている」のかを考えてみることである。

次に、**「静かに」という意味は、心の中に、客観的に自分を見つめる「もう一人の自分」が現れてくるという意味である。**

そう述べると、また驚かれるかもしれないが、世の中では、人物を評するのに、「彼は、自分が見えていない」や「彼女は、自分を見失っている」といった表現をする。逆に、「彼は、自分が見えているから大丈夫だ」「彼女は、自分を見つめなおしている」といった表現も、しばしば使われる。

こうした言葉に象徴されるように、実は、**我々誰の中にも、自分の姿を少し離れたところから客観的に見つめることのできる「賢明なもう一人の自分」がいる**のである。

それは、誰の中にもいるのだが、自分の感情に流されやすい人は、その「もう一人の自分」が心の奥からなかなか表に現れてこない。逆に、あまり感情に流されない冷静な人は、その「もう一人の自分」が、必要なとき、自然に表に現れてくる。

しかし、感情に流されやすい人も、自分の中に「賢明なもう一人の自分」がいることを信じ、その「もう一人の自分」の眼差しで、自分の感情を見つめようと意識するならば、ごく自然に、その「もう一人の自分」が現れてくるようになる。

**第三の手順は、「相手との和解」である。**

こうして、自分の心の中の「どこか気持ちが引っかかる」「何か嫌な気分が残っている」「思い出すと不愉快になる」といった「結ぼれ」や「しこり」の感情に気がつき、それを深く、静かに見つめていると、自然に、その感情の相手と心で「正対」できるようになる。

ここで**「正対する」という意味は、相手に対して「斜めに構え」ないで、向き合うという意味である。**

なぜなら、我々は、ある人に対してネガティブな感情を抱くと、その相手のことを「斜めに構えて」見るようになるからである。「どうせ、あの人は…」「あの人のことだから…」「あの人は、結局…」といった偏った感覚を抱いたまま、相手を見るようになってしまうからである。

とはいえ、こう述べても、あなたは、「そうは言っても、やはり、嫌いな人のことを考えると、感情が先に立ってしまい、『正対』して見ることはできない」と思われるかもしれない。

それもまた、人情であり、筆者も、そうした気持ちは理解できる。

ただ、「正対」できないとき、一つ、やってみるべきことがある。

それは、

**もし、自分が相手の立場なら、どう思うか、どう感じるか**

という視点で二人の関係を見つめてみることである。

この視点の切り替えができると、少しだけ、相手の理屈や論理、気持ちや感情が理解できるようになり、それができたら、自然に相手に対して「正対」できるようになる。

そして、相手に対して心で「正対」できるようになると、その相手との「和解」は、あと一歩の状態になる。

では、その「あと一歩」とは何か。どうすれば、その「一歩」を踏み出せるのか。

一言で述べよう。

## なぜ、「感謝」の言葉は、心を大きく変えるのか

**心の中で「感謝」の言葉を述べる**ことである。

すなわち、心の中で、その相手に対して「□□さん、有り難うございます」と語りかけることである。

こう述べると、「そんな簡単なことで…」と思われるかもしれないが、ただ、このことを行うだけで、心の中では、不思議なほど、何かが変わり始める。

しかし、この「心の中で『感謝』の言葉を述べる」という技法には、もう少し深い意味がある。それを「**三つの意味**」として述べておこう。

**第一は、「心の中で」ということの意味である。**

これは、「**相手と直接会って和解をする必要はない**」という意味である。もとより、相手と直接会って和解ができれば、素晴らしいことであるが、ここで問題にしているのは、我々の心の中に生まれてくるネガティブな想念と、その想念が、悪しきものを引き寄せ、「悪い運気」を引き寄せることである。

従って、この問題は、まず何よりも、自分自身の心の中の問題として解決していくことで良い。自身の心の中が、ポジティブになれば、それだけで、心が引き寄せるものも大きく変わってくるからである。

そして、第二話の「集合的無意識」のところで述べたように、我々の心は深い世界で繋がっているため、こちらの心境が本当に変わると、それが不思議なほど相手にも伝わり、次に会ったとき、相手の心境も変わっているということが起こる。「それが、必ず、絶対に起こる」ということは言えないが、筆者の体験では、かなり、しばしば、そうした不思議なことが起こる。

**第二は、「感謝を述べる」ということの意味である。**

これは、**「感謝」であって、「謝る」ことでも、「許す」ことでもない。**

たしかに、「和解」ということを述べると、多くの人は、「謝る」ことや「許す」ことを考えるだろう。もとより、現実の世界では、こうした「謝る」「許す」という形で「和解」が行われることは、しばしばある。しかし、心の世界では、実は、「謝る」ことも、「許す」ことも、あまり正しくない。

なぜなら、「謝る」「許す」ということは、どちらかが正しく、どちらかが悪かった、という構図が生まれてしまうため、密やかにネガティブな想念が生じてしまうからである。

これに対して、「感謝」という行為は、**そうした正悪や善悪の分離が生じない行為であり、ネガティブな想念が生じない行為である。**

従って、真の意味での「和解」をするためには、この「感謝を述べる」ということが、「謝る」や「許す」ことよりも優れた技法となる。

**第三は、「言葉を述べる」ということの意味である。**

これは、「**心の中で感謝する**」のではなく、「**心の中で感謝の言葉を述べる**」という意味である。すなわち、心が感謝の状態になっていなくとも、ただ「□□さん、有り難うございます」と感謝の言葉を述べることで良い。

なぜなら、不安や恐怖、不満や怒り、嫌悪や憎悪を感じている相手に対して、すぐに感情を抑え、心の状態を変え、「感謝する」ということは、極めて難しいことだからである。

しかし、我々は、「感情を変える」ことは容易にできないが、「言葉を述べる」ことはできる。たとえ、心から「感謝する」ことはできなくとも、「感謝の言葉を述べる」ことはできる。

そして、先ほど述べたように、我々の「言葉」と「心」には「身心一如」の理があるがゆえに、まず「言葉」を語ると、それによって「心」の状態が変わっていく。従って、「感謝の言葉」を語ると、不思議なほど、「心の状態」が変わっていくのである。ただちに「感謝の心」に変わることはなくとも、心の何かが、ポジティブな方向に変わり始めるのである。



## いますぐ実践できる、嫌いな人との「和解」の技法

以上が、「和解の想念の浄化力を用いる」という技法の三つの手順であるが、ここで、

**「結ぼれの内観」**
**「感情の明確化」**
**「相手との和解」**

という三つの手順を理解されたならば、いま、あなたには、この本を読む手を休め、数分間で良いので、実践してみて頂きたい。

まず、静かに内観をしてみて頂きたい。必ず、自分の心の中に「結ぼれ」や「しこり」を生み出している何人かの人の顔が浮かぶだろう。それは、ときに家族かもしれない。友人かもしれない。職場の上司かもしれない。

いずれにしても、その一人のことを心に描き、静かに正対し、その人に対する自分の感情を深く見つめて頂きたい。

そして、その後、その感情がいかにネガティブなものであっても、ただ無条件に、心の中で「□□さん、有り難うございます」とつぶやいて頂きたい。さらに、そのつぶやきを、何度か繰り返して頂きたい。

この技法によって、ただちに、その相手へのネガティブな想念が消えてしまうことはないだろう。しかし、確実に、その想念が弱まっていくことを感じるだろう。そして、自分の中の何かが「癒されていく」のを感じるだろう。

ただ、それだけである。

「和解」の技法とは、ただそれだけである。

そして、ある一人に対する「和解」ができたら、先ほどの内観で心に残った次の一人を心に描き、同様の和解の技法を実行して頂きたい。

さらに、時間が許せば、この技法を繰り返し、心の中に「結ぼれ」や「しこり」を感じる人がいなくなるまで続けることである。時間が無ければ、この技法を何回かに分けて行うことでも良い。

ただ、それだけで、あなたの心の中の何かが変わり始めるだろう。

## 相手を責める気持ちが、自分の心を苦しめている

さて、以上が、第三の習慣、「和解の想念の浄化力を用いる」という技法であるが、この技法は、もう一度述べるが、心の中で摩擦や葛藤、反目や衝突を感じる相手を、一人一人心に浮かべ、「有り難うございます」と感謝の言葉をつぶやき、心の中で和解していくだけの素朴な技法である。しかし、それだけで、不思議なほど我々の心は癒されていく。そして、我々の無意識の世界は浄化されていく。

もとより、この技法によって、現実の生活や仕事における誰かとの摩擦や葛藤、反目や衝突が、ただちに解消するわけではないだろう。しかし、筆者の経験では、こちらの心が変わるだけで、不思議なほど、相手もそれに感応し、こちらに対する姿勢が変わることが、しばしば起こる。

それゆえ、もし、あなたが、色々な人間関係で悩まれているならば、この技法を習慣と

して実践することを勧めたい。必ず、現実の人間関係でも、何かが変わり始めるだろう。

そして、もし、その現実の人間関係が変わらなくとも、あなたの心は、楽になるだろう。なぜなら、人間関係の苦しみの多くは、実際に、相手が自分を非難したり、攻撃してくることによる苦しみではなく、実は、自分の心の中に生まれる、相手が自分を非難したり、攻撃してくることへの不安感や恐怖心の苦しみだからである。

そして、その不安感や恐怖心は、実は、こちらの心の中にある、相手への非難の思いや、攻撃的な気持ちが「鏡」のように映し出されたものに他ならない。

すなわち、**自分の中の相手を責める気持ちが、自分の心を苦しめている**のである。

それゆえ、この「和解」の技法によって、自分の心の中の、相手に対する非難の思いや攻撃的な気持ちが消えると、不思議なほど、心の中の不安感や恐怖心が消えていき、心が癒されていくのである。

昔から語られる格言に「**感謝は、すべてを癒す**」という言葉があるが、その言葉通り、この「感謝」の言葉を用いる技法は、劇的にではないが、静かに、我々の傷ついてしまった人間関係を癒していく。そして、何よりも、我々の心を癒していく。

そして、この技法によって、傷ついた人間関係から生まれるネガティブな想念を消していったとき、自然に、我々は、「良い運気」を引き寄せている自分に気がつくだろう。

第五話

# 「人生でのネガティブな体験」を陽転していく技法

無意識の世界を変え、「良い運気」を引き寄せるための第二の技法は、自分の過去の人生における「ネガティブな体験」を、一つ一つ「陽転」させていくことによって、無意識の世界にあるネガティブな想念を消していく技法である。

第四話では、我々の心の世界にネガティブな想念が生まれる一つの大きな原因は、人間関係における摩擦や葛藤、反目や衝突と、それによって生まれる心の中の不安や恐怖、不満や怒り、嫌悪や憎悪であると述べた。

これに加えて、我々の心の世界にネガティブな想念が生まれるもう一つの大きな原因は、過去の人生において色々な形で与えられた「ネガティブな体験」である。

例えば、

「親から愛されなかった」
「大学入試に失敗した」
「病気で苦しんだ」
「希望の会社に就職できなかった」
「仕事で大失敗した」
「事業を起こして挫折した」
「会社を解雇された」

などの「ネガティブな体験」は、我々の無意識の世界に、

「自分はあまり優秀ではない人間だ」
「自分はあまり取り柄が無い人間だ」
「自分はあまり運に恵まれない人間だ」

といった自己限定や自己否定のネガティブな想念を生み出し、固着させてしまう。

そこで、この第二の技法は、こうした過去の「ネガティブな体験」を一つ一つ振り返り、その「意味」を再考し、解釈することによって、それが、決して「ネガティブな体験」ではないことを明確にしていく技法であり、それは、言葉を換えれば、

**人生の「解釈」を変える**

という技法でもある。

では、それは、どのような技法か。

それは、次に述べる**「解釈の五つの段階」**を、順次、心の中で登っていく技法である。

**誰の人生にも、必ず「成功体験」はある**

まず、**解釈の第一段階**は、

**自分の人生には多くの「成功体験」があることに気がつく**

ことである。

だが、こう述べると、「いや、私の人生は、失敗ばかりで、あまり成功体験は無いのだが…」と考える人もいるだろう。

しかし、ここで言う「成功体験」とは、競技で全国優勝をしたり、プロとして著名な賞を受賞したり、起業して大成功したりといった「劇的な成功体験」ではない。

世の中には、「成功体験」と言うと、そうした「劇的な成功体験」をイメージするため、「自分には成功体験は無い」と思い込む人が少なくない。

それは、ときに、「意欲」の裏返しの表れでもあるのだが、問題は、人生において、実**は様々な「成功体験」が与えられているにもかかわらず、「失敗した体験」にばかり目が向き、結果として、想念がネガティブになってしまっている**ことである。

従って、解釈の第一段階は、どれほど小さな成功体験でも良い、自分の人生には多くの成功体験があることに気がつくことである。

例えば、

「子供の頃、親や先生から褒められて嬉しかった体験」
「高校時代、学園祭で同級生と喫茶店をやって上手くいった体験」
「第一志望ではなかったけれども大学入試で合格した体験」
「希望の会社ではなかったが、就職難の時代に、就職できた体験」
「酷い風邪をひきながらも、頑張って、プロジェクトを完遂した体験」

など、ささやかな体験でも良い、自分の人生の様々な場面を思い起こし、それが実は「成功体験」であったことに気がつくことである。

繰り返しになるが、**我々は、人生を振り返るとき、「与えられたもの」よりも「与えられなかったもの」に目が向く傾向がある。「成功したこと」よりも「失敗したこと」に気持ちが向かってしまう傾向がある。**それが、我々の心の中にネガティブな想念が生まれてしまう大きな原因になっているため、この人生の振り返りと、ささやかな成功体験の棚卸しを丹念に行っていくだけで、我々の想念は、少しずつポジティブになっていく。

## 成功体験と重なる「音楽」は、無意識の世界を浄化する

しかし、この成功体験の棚卸しを行っていくとき、一つ、大切なことがある。

それは、**「考える」のではなく、「感じる」こと**である。

その成功体験を思い起こすとき、**そのときの「感覚」を呼び起こし、その感覚を反芻《はんすう》すること**である。そのときの成功要因を、理屈であれこれ考えるのではなく、ただ、自然に、そのときの嬉しかった感覚や楽しかった感覚を思い起こすことである。

例えば、筆者も、高校時代、学園祭で同級生と喫茶店をやって上手くいった体験があるが、いまでも、その学園祭の写真を見ると、そのときの高揚した気分が甦《よみがえ》ってくる。

この過去の体験に伴う「感覚」を呼び起こすということは、最初、少し難しく感じるかもしれないが、慣れてくると、自然にその感覚が甦ってくるようになる。なぜなら、**「知識」としての記憶は、比較的簡単に忘れてしまうが、「感覚」としての記憶は、体が覚えているため、永い年月を経ても、甦ってくる**からである。

ここで、「考える」のではなく、「感じる」ことを大切にすべきと筆者が述べるのは、実は、それが「無意識に働きかける方法」の要諦だからである。

なぜなら「考える」という行為は、「あれは良かった」「あれは悪かった」や「あれで成功した」「あれで失敗した」といった形で、**プラスの想念とマイナスの想念、ポジティブな想念とネガティブな想念が分離する行為**であり、成功体験について「考える」と、必ず、その逆の失敗体験が心に浮かび、ネガティブな想念が生まれてしまうからである。

そもそも、「考える」という行為は、「論理」（ロゴス）を使う行為であり、「論理」とは、対象を切断し、分割する働きであるため、「考える」という行為は、必ず、真と偽、善と悪、美と醜、達成と挫折、成功と失敗、勝利と敗北、といった形で、ポジティブな想念とネガティブな想念の「分離」を生じてしまうのである。

ちなみに、この「考える」のではなく、「感じる」ことを重視した技法は、スポーツ・トレーニングの分野でも、しばしば使われている。

例えば、ゴルフのパッティングのトレーニングビデオに、プロゴルファーのパッティングの見事な成功シーンを、心地よい背景音楽（ＢＧＭ）とともに、何度も何度も見せるものがある。これは、言葉や論理ではなく、映像と音楽によって、ただただ「成功した感覚」を無意識に刷り込んでいく技法であり、それなりの効果があることから、人気のビデオになっている。

このように、過去の成功体験を思い起こし、そのときの嬉しかった感覚や楽しかった感覚を思い起こすことで、「自分には大した成功体験は無い」といったネガティブな想念を少しずつ消していくことができるが、この技法を用いるときに併用すべきもう一つの技法が、**「音楽」の力を活かすこと**である。

なぜなら、我々の人生において**「音楽」は「体験」とともに記憶され、永い年月を経ても、その曲を聴くと、そのときの「体験」と「感覚」が鮮明に呼び起こされる**からである。

例えば、悲しい出来事に遭遇した時期に聴いた曲は、その曲を聴くと、そのときの悲しい気分を呼び覚ます。また、幸せな気分のときに聴いた曲は、その曲を聴くと、当時の幸せな感情を呼び起こす。

先ほど、筆者は、高校時代、同級生と学園祭で喫茶店を運営し、多くの客を集めたささやかな成功体験を持っていると述べたが、このとき、喫茶店でＢＧＭとして流したのがビートルズの曲であった。そのため、いまでも、その曲を聴くと、そのときの楽しかった気分が甦ってくる。

さらに、現実の人生の体験だけでなく、映画に登場する主人公の体験と、その映像とともに流される音楽もまた、そうした「**無意識への刷り込み**」の効果を持っている。

その一つの典型的な例が、映画『ロッキー』であろう。一九七六年のアカデミー作品賞を受賞したこの映画には、貧困のどん底にある主人公、ロッキーが、下町の無名のボクサーとして、人気のチャンピオン、アポロに挑戦するために厳しいトレーニングを続け、街を走るシーンがあるが、このシーンに流れるロッキーのテーマ曲は、誰でも一度は耳にしたことがあるだろう。そして、この映画を観た人であれば、最も高揚するシーンに流されるこのロッキーのテーマ曲を耳にすると、いつでも、その高揚感が甦ってくるだろう。

このように、「音楽」というものは、その曲を聴いたときに味わった喜びや楽しさ、高揚感や幸福感を、無意識の世界に刷り込む力があるため、その力を活かすことによって、心からネガティブな想念を消し、心をポジティブな想念で満たす「無意識の浄化技法」として用いることができる。

実際、筆者にも、この曲を聴くと、必ず、心がポジティブになり、ある種の高揚感と全能感が心の底から湧き上がってくる曲がある。

それは、四〇代初めにシンクタンクを立ち上げたとき、いつも聴いていた曲であるが、この曲は、いま聴いても、当時の高揚感、「これから、世界にかつてなかったシンクタンクを創る」「これから、何か素晴らしいことが始まる」という感覚を甦らせてくれる。

あなたにも、そうした曲があるのではないだろうか。

そして、実は、多くの人が、こうした体験的な高揚感や幸福感を味わうために、無意識に音楽を利用している。ここでの提案は、それを意識的に行うことである。

もともと、音楽そのものが、癒しと浄化の力を持っているが、その音楽の力が、成功体験での高揚感や幸福感と結びつくとき、さらに大きな癒しと浄化の力を発揮するのである。

いずれにしても、解釈の第一段階は、自分の人生には、自分が思っている以上に多くの成功体験があることに気がつき、その成功体験を一つ一つ棚卸しすることによって、そのときのポジティブな感覚を思い起こすことである。

こう述べると、もしかして、あなたは、「そんなささやかなことをしても、自分の中にある大きな挫折感や劣等感は、変わらない…」と思われるかもしれない。

しかし、**この技法の最も大切な目的は、「自分の人生を愛する」ということである。**

誰にとっても、かけがえの無い一度かぎりの人生。どれほどささやかな成功であっても、その人生の輝く一瞬を愛することができるならば、その思いそのものが、心の中にポジティブな想念を広げていく。だから、あなたの人生の、その輝く一瞬を大切にして頂きたい。

では、**解釈の第二段階**は何か。

## あなたは、自分が「運の強い人間」であることに気がついているか

それは、

**自分が「運の強い人間」であることに気がつく**

ことである。

では、なぜ、それが重要か。

なぜなら、この「運気」については、昔から一つの言葉が語られているからである。

**運の強い人間とは、「自分は運が強い」と信じている人間だ**

たしかに、世の中の「成功者」と呼ばれる人々は、口に出さなくとも、誰もが「自分は

運が強い」と思っている。さらに言えば、「自分は運が強い」というポジティブな想念が、無意識の世界に刷り込まれている。

そして、これらの人々は、必ずしも、その人生において「成功」したから、「自分は運が強い」という想念を抱いているのではない。逆に、「自分は運が強い」という想念を抱いていたから、「成功」を引き寄せたということが、むしろ真実であろう。

これに対して、残念ながら、世の中には、無意識の世界に「自分は、それほど運が強い方ではない…」という自己限定的な想念、ネガティブな想念を抱いている人が少なくないが、実は、その想念そのものが、「良い運気」を遠ざけてしまっているのである。

では、こうしたネガティブな想念を「自分は運が強い」というポジティブな想念に変えるためには、どうすれば良いのか。

そのためには、人生において、何か劇的な「強運の体験」が必要なのだろうか。極限の場面で、「強い運気」を引き寄せた体験が必要なのだろうか。

実は、そうではない。

そのためには、やはり、自身の過去の人生を振り返ることである。

そして、

**自分が「幸運」に導かれた体験**

を思い起こすことである。

なぜなら、実は、**誰の人生にも「幸運に導かれた体験」**がいくつもあるからである。

例えば、あなたは、人生において、次のように思える体験が無いだろうか。

「あの人に巡り会ったことで、人生が拓けた」

「あの出来事が起こったことで、道が拓けた」

## 幸運は、「不運な出来事」の姿をして、やってくる

もとより、筆者にも、そうした体験は、いくつもある。

筆者は、二九歳で大学院を修了し博士号を得たが、当然のことながら、大学に残って研究を続ける道を希望していた。しかし、その希望はかなわず、望んではいなかった民間企業に就職することになった。しかも、全く畑違いの法人営業の世界に投げ込まれた。だが、その職場で巡り会ったA課長は、営業の達人であった。そして、その課長の下で九年間、様々な現場経験を通じてビジネスを学んだお陰で、今日の自分がいる。

また、筆者は、その企業で海外留学生に選ばれ、周りの勧めもあって、米国のビジネススクールに留学しようと考えていた。しかし、その留学のための極めて重要な試験の時期に、仕事の客先である企業から、海外出張に同行することを要請された。その要請に何度か辞退しながらも、先方のあまりに熱心な要望に、最後は、その試験を受けることを諦め、海外出張に同行することを承諾した。しかし、その海外出張の最後に訪問したのが、米国の国立研究所を運営する世界的なシンクタンクであった。

そして、何かの縁に導かれるように、その米国のシンクタンクで働いたことが、今日の筆者のキャリアを拓いてくれた。

筆者には、こうした体験がいくつもあるが、こう振り返ってみると、一見、「不運な出来事」に見える、大学に研究者として残れなかったことや、海外留学のための試験を諦めざるを得なかったことが、実は、「幸運な出来事」であり、現在の自分のキャリアを拓き、人生を拓いてくれたことに気がつく。

こうした体験は、あなたにも、あるのではないだろうか。

このような「あの人に巡り会ったことで、人生が拓けた」「あの出来事が起こったことで、道が拓けた」といった「幸運に導かれた体験」は、誰の人生においてもあるのではないだろうか。

ただし、筆者の体験にあるように、そこには、人生の不思議な一面がある。

**「幸運に導かれる」とき、それは、しばしば、**
**「不運に見える出来事」の姿をして、やってくる。**

その不思議な一面がある。

　それゆえ、我々が、自分が「運の強い」人間であることに気がつくためには、人生を振り返るとき、この「不運に見える出来事」が、実は、「幸運に導かれた出来事」であったという逆説に気がつく必要がある。

　そして、こうした逆説を理解したうえで人生を振り返るならば、「自分は、それほど運が強い方ではない…」という自己限定的な想念、ネガティブな想念を、決して抱く必要はないことに気がつくだろう。

　実際、自身の人生を深く見つめるならば、誰の人生においても、「幸運に導かれた体験」は数多くあるのであり、問題は、それに気がつくか、気がつかないかである。

　しかし、ひとたび、そのことに気がつくならば、我々の心の中にある「自分は運に恵まれない」「自分は運が強くない」といったネガティブな想念は、暗闇に光が射すように消えていく。

　しかし、そのためには、もう一つ、大切な「**視点の転換**」が求められる。

　そして、その「視点の転換」ができるならば、解釈の第三段階に進むことができる。

　では、それは、何か。

## 人生の「解釈力」こそが「良い運気」を引き寄せる

「幸運」に見えることが起こったときだけが、「運が良かった」のではない。

「不運」に見えることが起こったときも、「運が良かった」ことに気がつくべき。

こう述べると、あなたは、少し戸惑われるかもしれない。

そこで、一つの象徴的な例を紹介しよう。これは、本当にあった出来事である。

ある人が、海外出張中に自動車を運転していて、一瞬のミスから大事故を起こし、病院に担ぎ込まれた。しかし、大手術の結果、一命は取り留めたものの、左足を切断するという結果になってしまったのである。

麻酔から覚め、その現実を知ったこの人は、一瞬の不注意によって人生を棒に振ってしまったことを思い、悲嘆のどん底に投げ込まれていた。

しかし、事故の知らせを受けて日本から駆けつけたこの人の奥さんは、病室に入るなり、旦那さんを抱きしめ、何と言ったか。

「あなた、良かったわね！
命は助かった！
右足は残ったじゃない！」

このエピソードが、我々に教えてくれる、大切な「人生の真実」がある。

**何が起こったか。**
**それが、我々の人生を分けるのではない。**
**起こったことを、どう解釈するか。**
**それが、我々の人生を分ける。**

たしかに、そうであろう。

我々は、人生で与えられた逆境が、我々の人生を大きく変えてしまうと思っている。

しかし、本当は、そうではない。

人生で与えられた逆境を、どう解釈するか。

実は、それが、我々の人生を大きく変えてしまうのである。

そのことを理解するならば、人生において「不運に見えること」が起こったときにも、その出来事の良き側面、ポジティブな側面を見つめ、「自分は運が良かった」「自分は運が強かった」と思える力、すなわち、

**人生の「解釈力」**

それこそが、「運気」を引き寄せる力となるのであろう。

なぜなら、その「解釈力」こそが、ネガティブな体験をポジティブな体験へと変え、心の中のネガティブな想念をポジティブな想念に変えていく力となるからである。

## 感謝の心が、最高の「解釈力」を引き出す

ちなみに、この「**右足は残った！**」とのエピソードを聞くと、あなたは、「**コップの水の比喩**」を思い起こすかもしれない。

コップの中に水が半分あるとき、「もう半分しかない」と悲観的に思うか、「まだ半分ある」と楽観的に思うかの違い、その受け止め方の違いの比喩である。

しかし、この「コップの水の比喩」と「右足は残った！」の言葉は、全く違う。

何よりも、その「**切実さ**」という一点で、決定的に違う。

一つは、単なる比喩。一つは、一人の人間の人生が懸かった場面での言葉。

その二つは、全く違う言葉である。

そして、この「コップの水の比喩」と「右足は残った！」の言葉は、もう一つ、根本的に違うことがある。

それは、根底にある「**感謝の心**」。

それが、決定的に違う。

この「右足は残った！」の言葉は、その根底に、一つの覚悟と呼ぶべき人生観がある。
それは、

**人生で「与えられないもの」に対する不満の心ではなく、**
**人生で「与えられたもの」に対する深い感謝の心。**

その感謝の心に支えられた人生観である。

実は、逆境において、「解釈力」を発揮できる人と、発揮できない人の差は、「自分に与えられた人生」に対する、この感謝の心の差に他ならない。

## 過去の失敗体験は、実は「成功体験」であった

そして、こう述べてくると、過去のネガティブな体験が、決してネガティブな体験ではないことを明確にしていくための**解釈の第三段階**が明らかになるだろう。

それは、

**過去の「失敗体験」を振り返り、**
**それが、実は「成功体験」であったことに、気がつく**

ことである。

すなわち、過去の「失敗体験」を振り返り、そこで「失われたもの」「与えられなかったもの」を考えるかぎり、その「失敗体験」はネガティブな体験にとどまってしまう。

しかし、どのような「失敗体験」にも、必ず、「失われなかったもの」があり、「与えら

れたもの」がある。

我々の人生の分かれ道は、どのような「失敗体験」においても、「失われなかったもの」や「与えられたもの」に目を向けることができるか否かであろう。


もとより、それは、決して楽なことではない。容易にできることではない。

いま、あなたも、そう思われているかもしれない。

しかし、もし、あなたが、自分の人生を本当に愛するならば、どのような「失敗体験」の暗い陰に覆われても、その光の部分を見つめることができる。

「失われなかったもの」や「与えられたもの」に目を向けることができる。

なぜなら、それが、どのような「失敗」が与えられた人生であろうとも、どのような「挫折」が与えられた人生であろうとも、それでも、それは、あなたにとって、一度かぎりの人生。かけがえの無い人生。他の誰のものでもない、あなたの人生。

だから、その一度かぎりの人生を、かけがえの無い人生を、その「失敗」も「挫折」も含め、愛して欲しい。

その光の部分を見つめ、慈しむように、抱きしめるように、愛して欲しい。

**自分の人生を愛する。**

もし、それができたならば、我々は、まさに「強い運気」を引き寄せる。不思議なほど「良い運気」を引き寄せる。

では、どうすれば、いかなる「失敗体験」においても、「失われなかったもの」や「与えられたもの」に目を向ける、ポジティブな「解釈力」を身につけることができるのか。

そのことを教えてくれる、一つのエピソードを紹介しよう。

## 「不運に見える出来事」の意味が陽転する瞬間

これは、大相撲の世界でのエピソードである。

かつて、ある大関が、その絶頂期に足の故障で長期休場を余儀なくされた。

後に、その大関が親方になった時代、ある雑誌のインタビューで、その故障の時期の思いについて問われ、その親方は、苦難の日々を振り返り、こう述懐した。

「あの頃の自分は、絶好調に、慢心していたのです」

「だから、あの頃の自分は、挫折をしなければならなかったのです」

「お陰で、あの時期に、私は、大切なことを学びました」

この大関の言葉は、人生において「不運に見える出来事」や「痛苦な失敗体験」が与えられたとき、それでもなお、自分に「与えられたもの」を見つめるための大切な視点を教えてくれる。

それは、**「成長」という視点**。

すなわち、いかなる逆境が与えられても、いかなる挫折が与えられても、我々は、その逆境や挫折を糧として、「成長」していける。

そして、その「成長」をしっかりと掴むことができるならば、我々は、いかに「不運に見える出来事」や、いかに「痛苦な失敗体験」であっても、それを単なるネガティブな体験に終わらせることなく、必ず、素晴らしいポジティブな体験に変えていくことができる。

この親方の発言は、見事なほど、その「成長」という視点の大切さを教えてくれる。

この親方は、大関時代、与えられた挫折を、単なる「不運な出来事」と考えず、その「意味」を深く受け止め、ポジティブに解釈する力、すなわち、「解釈力」を発揮したのである。そして、「この挫折は、自分に、何を教えようとしているのか」を考え、その挫折を、見事に自身の精神的な成長の糧としたのである。

だからこそ、この親方は、大関時代、足の故障による長期休場から復帰し、ふたたび土俵での活躍ができたのであろう。


この親方の姿勢から学ぶならば、我々もまた、人生において「不運と見える出来事」が与えられたとき、その「意味」を深く考え、ポジティブな「解釈力」を発揮し、「成長」という視点から、次のような問いを、自らに問うてみるべきであろう。

「この出来事は、自分に、何を気づかせようとしているのか」
「この出来事は、自分に、何を学べと教えているのか」
「この出来事は、自分に、いかなる成長を求めているのか」

そして、人生において、どのような「不運に見える出来事」が与えられても、こうした問いを胸に抱き、その出来事を成長の糧とすることができるならば、その「不運に見える出来事」も、実は、「幸運な出来事」であることに気がつくだろう。

それは、**人生において、「不運に見える出来事」の意味が、正反対の意味へと「陽転」する、素晴らしい瞬間でもある。**

しかし、こう述べてきても、あなたは、こうした思いを心に抱かれるかもしれない。

「そうは言っても、やはり、人生における逆境は、あまり味わいたくない…」

たしかに、誰といえども、人生における逆境を、喜ぶ人はいないだろう。
それは、筆者も同様である。

しかし、過去の人生を振り返り、一つの問いを問うてみて頂きたい。

**あなたは、いつ、成長しただろうか。**

それは、決して、順風満帆の日々、幸運が続いた日々ではなかったのではないか。
それは、逆境の中で、夜も眠れぬ日々、溜息が出る日々、胃が痛むような日々ではなかっただろうか。
そうした苦労の多い日々を、悪戦苦闘しながらも前向きに歩んだとき、気がつけば、成長している自分がいたのではないだろうか。

そうであるならば、**我々は、いかなる過去の「不運に見える出来事」も、それを自らの成長に結びつけることによって、「幸運な出来事」に変えることができる。そして、いか**

**なる過去の「失敗体験」も、それを自身の成長の糧とすることによって「成功体験」に変えることができる。**

第一話では、人生の「成功者」たちの多くが、その自叙伝や回想録において、自身の人生を振り返って最も多く使う言葉が、「偶然」「たまたま」「ふとしたことで」「折よく」「幸運なことに」という言葉であることを述べた。

しかし、これらの「成功者」たちは、決して、ただ「幸運」であったから、その人生を拓いたわけではない。

**彼等は、人生で与えられた「不運に見える出来事」の中にも、成長の糧を見出し、歩んだのであろう。そのことを通じて、「不運に見える出来事」を「幸運な出来事」に変えていったのであろう。**

彼らが語る、「偶然」「たまたま」「ふとしたことで」「折よく」「幸運なことに」という言葉を聞いて、彼らが、ただ「幸運」や「僥倖《ぎようこう》」に恵まれた人々であったと思うべきではない。

その奥には、彼らの「人生の解釈力」と「成長への意欲」があったことを、我々は学ばなければならない。

## 自分に与えられた「幸運な人生」に感謝する

このように、過去の「失敗体験」が、実は「成功体験」であったことに気がつき、「不運に見える出来事」が、実は「幸運な出来事」であったことに気がつくならば、**解釈の第四段階**に進めるだろう。それは、

**自分に与えられた「幸運な人生」に感謝する**

ことである。

これは、言葉を換えれば、**「天の配剤」や「大いなる何かの導き」に感謝する**ことである。

もとより、何度も述べてきたように、我々の人生において、そうした「天」と呼ばれるものや「大いなる何か」と呼ばれるものが存在するか否かは、明らかではない。

第二話で、「ゼロ・ポイント・フィールド」という一つの仮説を述べたが、現時点では、科学は、まだ、その仮説を実証してはいない。

しかし、そうしたものが存在するか否かにかかわらず、こうした「感謝の姿勢」を持つことは、極めて重要である。

それは、なぜか。

**「自力」の落し穴に陥らないためである。**

「自力」の落し穴とは、「自分の力で、この人生を切り拓いたのだ」という意識のことである。

では、なぜ、それが落し穴なのか。

なぜなら、**「自力」の意識の過剰は、**
**無意識の世界に「ネガティブな想念」を生む**からである。

すなわち、「自力」の意識が強いと、たとえ、何かに成功しても、「自分が自力で成し遂げた」という意識の裏に、必ず、「次は上手くいくだろうか」「自分の力もここまでではないか」といった不安感や恐怖心が芽生えるからである。

これに対して、**何かに成功したり、何かを成し遂げても、それが「天の配剤」や「大いなる何かの導き」によるものであるとの謙虚な感謝の想念を持つならば、その想念は無意識の世界に「天が導いてくれている」や「大いなる何かが導いてくれている」という深い安心感を生み出す**のである。

このように、「自力」の意識が強いと、表面意識の世界にはポジティブな想念がある一方で、無意識の世界に不安感や恐怖心というネガティブな想念が生まれてしまうが、「天の配剤」や「大いなる何かの導き」に謙虚に感謝する姿勢は、そうしたネガティブな想念を生み出すことなく、無意識の世界をポジティブな想念で満たすのである。

このことを理解すると、なぜ、この日本では、何かに成功したり、何かを成し遂げたとき、**「お陰さまで」**という言葉を大切にするのか、また、何かに感謝されたり、何かのお礼を言われたとき、**「お互いさまです」**という言葉を大切にするのか、その理由が分かるだろう。

それは、単なる礼儀や礼節の言葉ではない。また、単に人間関係を円滑にするための言葉ではない。

こうした「お陰さまで」や「お互いさまです」という言葉の奥にある、**「大いなる何かに導かれている」「様々な人々に支えられている」という感謝の想念は、実は、我々が抱き得る想念の中でも最もポジティブな想念**だからであり、これらの言葉は、ある意味で、我々の無意識の世界をポジティブな想念で満たすための古くから伝わる叡智であるとも言える。

このように、自分の人生において、力を貸してくれた人々への感謝の想念、その人々との出会いを導いてくれた大いなる何かへの感謝の想念は、「感謝は、すべてを癒す」という言葉通り、我々の心の中の不安感や恐怖心といったネガティブな想念を消していく。

この解釈の第四段階、「自分に与えられた『幸運な人生』に感謝する」ということの意味は、その一点にある。

## 誰もが、人生における「究極の成功体験」を持っている

では、過去のネガティブな体験から生まれたネガティブな想念を消していくための、**解釈の第五段階**は何か。

それは、

自分の人生に与えられた「究極の成功体験」に気がつく
ことである。

では、「究極の成功体験」とは何か。

そもそも、こうして「生きている」ことが、有り難いこと。

そのことに、気がつくことである。

しかし、こう述べても、まだ、その意味が掴みにくいかもしれない。

では、あなたのこれまでの人生において、あなたと同世代の友人や知人、あなたよりも
若い友人や知人で、すでに他界した人がいないだろうか。

それは、病気が原因かもしれない。事故が原因かもしれない。

いずれにしても、若くして、その人生を終えた友人や知人がいるならば、その人のことを想い出してもらいたい。

筆者にも、そうした友人や知人がいる。

大学時代、同じ工学部の同じ学科で学んだM君。羨《うらや》ましいほど頭脳明晰であり、しかも、バスケットボール部のキャプテンを務めた彼は、三〇代前半の若さで、癌を患い、早逝していった。遺族の言葉では、苦しい闘病生活であったとのことであった。

また、中学、高校、大学と一緒の道を歩んだS君。高校時代は、同じクラスでもあり、よく一緒に遊んだ仲間でもあった。学業優秀であるだけでなく、夢の大きな友人であった。大学は法学部を卒業し、国家公務員試験に合格、内閣官房に勤めたが、まもなく退職し、大学院で修士号を得るとともに、司法試験に合格。さらに、欧州で弁護士の資格を取り、国際弁護士として活躍しながら、いずれは政治家になることを目指していたが、四〇代の若さで、突如、脳卒中で倒れ、帰らぬ人となった。

こう書いているだけで、その二人の友人のことを思うと、言葉にならない思いが湧き上がってくるが、筆者は、彼等の仏前で誓ったことを想い出す。

「彼の分まで、自分に与えられた人生を、精一杯に生きよう」

そう誓ったことを、想い出す。

そして、六八歳を迎えるいま、自分には、これほどの長い人生を与えられ、生きてくることができたことの、有り難さを思う。

あなたの周りには、そうした友人や知人がいないだろうか。

もし、いるなら、気がついてほしい。

**そもそも、こうして「生きている」ことが、有り難いこと。**

そのことに、気がついてほしい。

たしかに、我々の人生には、様々な苦労や困難、失敗や敗北、挫折や喪失、病気や事故がある。ときに、それは、人生から逃げ出したくなるほど、辛い体験になることがある。

しかし、それでも、生きているかぎり、我々は、その逆境を糧として、成長し、前進し、人生を輝かせていくことができる。命あるかぎり、人生の陰を、光に変えていくことができる。

そうであるならば、人生で、何があろうとも、

**「生きている」だけで、有り難い。**

そうではないだろうか。

## この時代、この国に生まれたことの、有り難さ

筆者は、若き日に、ある中小企業の経営者とのご縁を得て、ときおり、その会社の経営会議に同席させて頂いていた。

その経営者は、太平洋戦争への従軍経験のある方であり、戦争中、多くの仲間が無残に死んでいくなか、極限の状況を生き延び、戻ってきた方であった。

あるとき、その会社と取引先との間で深刻な問題が起こり、その日の経営会議は、「会社が吹っ飛ぶのではないか」という雰囲気の中、幹部も顔面蒼白《そうはく》になる状態であった。

報告を受けたこの経営者、固唾《かたず》を呑んで判断を待つ幹部を見渡し、この正念場で、何と言ったか。

「ああ、大変なことが起こったな！

これは、下手をすると会社が吹っ飛ぶぞ。

だがな、最初に言っておく。

命取られるわけじゃないだろう！」

この一言で、居並ぶ幹部も、それまでの顔面蒼白の状態から、一瞬で何かを掴んだのであろう。一同、見事に腹が据わった。

この経営者の、魂を込めた、心に響く一言であった。

たしかに、そうなのである。

この経営者の言っていることは、まさに、その通り。

さすが、戦争中の「生死の体験」を経てきた人物。「死生観」が定まっている。


あの戦争の悲惨さ、生死の極限の状況から見れば、現代の日本において、経営や仕事で直面する苦労や困難は、それがどれほど大変なものであっても、所詮、どれほどのものか。

どう転んでも、命を取られることはない。

そして、この日本では、飢え死にすることはない。


しかし、同じ日本でも、七四年以上前には、国民全員が「生きるか、死ぬか」の状態であった。そして、実際、三一〇万人以上の国民が、亡くなっていった。

そのことを考えるならば、現代の日本に生まれたことの幸運を、我々は、知っているのだろうか。それが、どれほど有り難いことか、知っているのだろうか。

そして、同じ現代でも、いま、この地球上に生きる七七億の人々のなかで、次の五つの条件に恵まれた国に生きるのは、我々、日本人しかいない。

**第一　七〇年以上戦争の無い平和な国**
**第二　世界で第三位の経済力を誇れる国**
**第三　最先端の科学技術の恩恵に浴せる国**
**第四　国民の誰もが高等教育を受けられる国**
**第五　高齢社会が悩みとなるほど健康長寿の国**

一方、同じ現代でも、この地球上には、いまだに戦争やテロで命を失う人々も数多くいる。貧しさのため飢餓や病気で苦しむ人々も無数にいる。

こうした日本の過去の歴史、そして、世界の現在の状況を直視するならば、我々が、この時代に、この日本という国に生まれたことの、恵まれた境遇と有り難さが分かるだろう。

もとより、この日本という国にも、理不尽なほどの貧富の差があり、生まれつき与えられた人生の境遇の差がある。

筆者は、それを是認する者ではない。いや、それを変えたいと願っている。

しかし、我々の心の「ポジティブな想念」という一点から見るならば、我々は、現代の日本人として、まず何よりも、その恵まれた境遇と有り難さを見つめるべきであろう。

そして、その恵まれた境遇と有り難さを見つめるとき、心の中に生まれる感謝のポジティブな想念の光によって、人生で得られなかったもの、与えられなかったもの、失われたものに対するネガティブな想念の陰は、自然に消えていくのではないだろうか。

## 生きていることの「奇跡」を知る

そして、さらに、我々が理解すべきことがある。

それは、我々の人生における「三つの真実」。

**人は、必ず死ぬ。**
**人生は、一度しかない。**
**人は、いつ死ぬか分からない。**

これは、誰も否定できない真実。
その中でも、特に見つめるべきは、第三の真実。

**人は、いつ死ぬか分からない。**

どれほど健康に気をつけていても、事故に気をつけていても、突然の死は訪れる。
されば、我々は、誰もが、いつ終わるか分からない人生を生きている。
そのことを理解するならば、今日という一日を与えられ、生きていること。
その奇跡のような命の有り難さに気がつくだろう。

振り返れば、筆者の友人、二人は、三〇代、四〇代の若さで、去っていった。

突然の出来事であった。

それは、決して他人事《たにんごと》ではない、自分自身にも訪れるかもしれない、人生の出来事。

**そうであるならば、我々の人生、**
**たとえ何があろうとも、**
**「生きている」だけで、有り難い。**

そのことに気がついたとき、我々の心の奥深くに、与えられた人生を無条件に肯定する最も根源的な感謝の想念が生まれてくる。

そして、その根源的な感謝の想念を心に抱いたとき、黙っていても、我々は「良い運気」を引き寄せる。

いや、その感謝の想念の中では、「良い運気」「悪い運気」という分離も消え、ただ、静かに、人生が輝き始める。

第六話

# 「究極のポジティブな人生観」を体得していく技法

さて、本書の最後のテーマとなったが、無意識の世界を変え、「良い運気」を引き寄せるための第三の技法は、

「究極のポジティブな人生観」を体得していく技法

である。

これは、人生のネガティブに見える出来事も出会いも、すべてを無条件に「全肯定」し、

**それによって、無意識の世界を「究極のポジティブな想念」で満たしていく技法である。**

この技法は、すべての出来事や出会いを無条件に「全肯定」していくため、そもそも、心の中にポジティブな想念とネガティブな想念の分離が起こらない。そのため、この技法は、無意識の世界の浄化の技法としては、「**究極の技法**」であるともいえる。

では、それは、どのような技法か。

それは、次の「**五つの覚悟**」を定めた人生観を体得していく技法であり、この「五つの覚悟」を、順に一つ一つ定めていく技法である。

**第一の覚悟　自分の人生は、大いなる何かに導かれている、と信じる**
**第二の覚悟　人生で起こること、すべて、深い意味がある、と考える**
**第三の覚悟　人生における問題、すべて、自分に原因がある、と引き受ける**
**第四の覚悟　大いなる何かが、自分を育てようとしている、と受け止める**
**第五の覚悟　逆境を越える叡智は、すべて、与えられる、と思い定める**

もとより、この「五つの覚悟」を定めることは、それほど容易なことではないが、自身の人生に正対するならば、誰でも掴める覚悟である。そして、ひとたびこの覚悟を定めることができれば、不思議なほど、心の中からネガティブな想念が消え、心がポジティブな想念で満たされ、その結果、ポジティブな出来事やポジティブな出会いを引き寄せるようになっていく。

以下、それぞれの覚悟について説明していこう。

## 「自分の人生は、大いなる何かに導かれている」と信じる

まず、第一の覚悟は、

**自分の人生は、大いなる何かに導かれている**

と信じることである。

こう述べると、あなたは驚かれるかもしれないが、実は、「成功者」と呼ばれる優れた先人たちは、歩んできた道は様々であっても、誰もが共通して、こうした感覚を心に抱いてきた。

言葉に出して語るか、語らないかの違いはあっても、誰もが、こうした「自分の人生は、大いなる何かに導かれている」という感覚を、心中深く抱いてきた。

そのことを示すのが、これらの先人たちがしばしば使った、**「天命」「天の声」「天の導き」「天の配剤」**といった言葉であろう。

それは、ときに、「大いなる何かの導きにより」や「大いなる何かの声に導かれ」といった言葉でもある。

しかし、「天」や「大いなる何か」に導かれるのは、決して、こうした優れた先人たちだけではない。

**実は、我々は、誰もが、大いなる何かに導かれている。**

もとより、すでに述べたように、現代の最先端科学をもってしても、その「天」や「大いなる何か」が存在するか否かは、まだ証明されていない。

しかし、人類の何千年という歴史の中で、無数の人々が「神」や「仏」、「天」や「大いなる何か」というものの存在を信じ、その言葉を口にしてきたことも、厳然とした事実である。

そして、第二話で一つの仮説として述べたことが真実であるならば、人類の永い歴史の中で「神」「仏」「天」「大いなる何か」と呼ばれてきたものの実体は、「集合的無意識」の世界や「超個的無意識」の世界を超え、そのさらに奥深くにある、「ゼロ・ポイント・フィールド」に繋がる「超時空的無意識」の世界である。

それは、すなわち、昔から多くの人々が信じてきた「神」「仏」「天」「大いなる何か」とは、実は、空の彼方の「天国」や「極楽」や「天上」などに存在する何かではなく、

**我々の心の奥深くに存在する何かであり、それは、最も深い次元での「我々自身」、言葉を換えれば「真我」（True Self）と呼ぶべきものであること**を意味している。

そうであるならば、その「真我」は、この宇宙の過去、現在、未来のすべての情報を記録し、人類のすべての叡智を記憶している「ゼロ・ポイント・フィールド」と繋がっており、その情報と叡智を活かして、我々の人生を導いているとも言える。

すなわち、**我々の人生を導いている「大いなる何か」とは、実は、我々の心の奥深くに存在する、深い叡智、最高の叡智を持った「我々自身」に他ならない。**

それが、現時点での筆者の考えであるが、残念ながら、本書において、この考えを深く語る紙幅はない。このことを語るのは、次の機会に譲りたい。

話が興味深い方向に広がったが、そうした「理論」はさておき、実は、我々の多くが、この「大いなる何か」の存在を感じる「体験」を持っているのではないだろうか。

例えば、これまでの自分の人生を静かな心で振り返るならば、誰もが、次のような思いの一つ二つは、あるだろう。

「ああ、あの人と出会ったことで、人生が好転した」
「ああ、あの出来事があったから、進むべき道が見えた」
「あれは、何かの導きだったのだろうか」

そして、ひとたび、その思いを深め、

**自分の人生は、大いなる何かに導かれている**

との覚悟を定めた瞬間に、「人生の風景」が全く違って見えてくるだろう。そして、心の中に、「不思議な安心感」と呼ぶべきポジティブな想念が広がっていくだろう。
そして、そのとき、もう一つの覚悟が定まってくる。

## 「人生で起こること、すべて、深い意味がある」と考える

それが、第二の覚悟、

**人生で起こること、すべて、深い意味がある**

と考えることである。
すなわち、もし我々が、「自分の人生は、大いなる何かに導かれている」という覚悟を定めるならば、人生において、何かの出会いが与えられ、何かの出来事が起こったとき、自然に、

**「これは、どのような意味があって、導かれた出会いだろうか」**
**「これは、どのような意味があって、導かれた出来事だろうか」**

という問いが心に浮かぶようになるだろう。
そして、その「意味」を感じ、考えるために大切なものが、第五話で述べた、

「解釈力」

に他ならない。

この「解釈力」の中でも、特に大切なものは、自分がいま直面している逆境の「意味」を解釈する力であり、人生において、苦労や困難、失敗や敗北、挫折や喪失、病気や事故などが与えられたとき、自分自身に、次のような問いを問う力である。

「この苦労は、自分に、何を教えようとしているのか?」
「この失敗は、自分に、何を学ばせようとしているのか?」
「この挫折は、自分に、何を掴ませようとしているのか?」
「この病気は、自分に、何を気づかせようとしているのか?」

その意味で、第五話で述べた、絶頂期に足の故障で長期休場を余儀なくされた大関の発揮した「解釈力」、

「あの頃の私は、慢心していたのです。
だから、私は、挫折しなければならなかった。
そして、私は、あの挫折から、大切なことを学びました」

という述懐は、その一つの象徴的なものであろう。

このように、**我々は、いかなる逆境に直面しても、「自分の人生は、大いなる何かに導かれている」という覚悟に裏打ちされた「解釈力」**を発揮するならば、その逆境を、**「人生で起こること、すべて、深い意味がある」と前向きに受け止めることができる。**

そして、そう受け止めることができるならば、自然に、逆境への不安や恐怖など、心の中のネガティブな想念が消えていき、心がポジティブになり、「良い運気」を引き寄せるようになっていく。

しかし、そのためには、さらに、次の第三の覚悟を定めなければならない。

## 「人生における問題、すべて、自分に原因がある」と引き受ける

第三の覚悟は

人生における問題、すべて、自分に原因がある

と引き受けることである。

しかし、こう述べると、あなたは疑問に思われるかもしれない。

「自分に原因があると考えると、自分を責める気持ちが生まれ、むしろ、心の世界にネガティブな想念が生まれるのではないか？」

実は、そうではない。

ここで「自分に原因がある」と覚悟を定めるのは、自分を責めるためではない。その原因を探ることによって、さらに成長していくためであり、心の中には「**自分に原因があると受け止めることによって、自分の成長の課題に気がつき、さらに大きく成長していける**」**というポジティブな想念**がある。

逆に、人生で与えられた問題について、自分以外の誰かに原因があると考える「**他責**」の姿勢は、心の世界に、その「誰か」に対する批判や非難、不満や怒り、嫌悪や憎悪というネガティブな想念が生まれてしまうのである。

そして、この「自分に原因がある」という問題の捉え方は、カウンセリング（心理療法）の世界では極めて重要な心の姿勢であり、

「**引き受け**」

と呼ばれている。

すなわち、心に重い問題を抱えたクライアント（相談者）が、カウンセリングを通じて問題解決や治癒に向かうとき、多くの場合、自発的に、この「引き受け」の姿勢への転換が起こるのである。

例えば、それまで自分の父親の人間性を感情的に非難し、父親への嫌悪や憎悪の思いを語り続けていたクライアントが、カウンセリングが進み、心が癒されていくに従って、自然に「自分にも問題があった…」「父も辛かったのでは…」と語り始めることが、しばしば起こる。

このように、心の問題を抱えたクライアントへのカウンセリングにおいても、この「引き受け」の姿勢への転換は、大きな意味を持っているが、通常の人間関係においても、かなり関係がこじれた場面でも、この「自分に原因があった」と受け止め、「引き受け」の姿勢に転じただけで、不思議なほど、関係が良い方向に向かい、問題が解決していくことが起こるのである。

しかし、こう述べると、あなたは、さらに、こう思われるかもしれない。

「『引き受け』ということの意味は分かったが、現実の問題を前にして、『自分に原因がある』と受け止めることは、心が強くないとできないのではないか？」

たしかに、その通り。

この「引き受け」ができるようになるためには、心が、少しだけ強くなる必要がある。

では、どうすれば、その「**心の強さ**」を身につけることができるのか。

そのためには、「**究極の解釈力**」を身につけることである。

では、「究極の解釈力」とは、何か。

それが、第四の覚悟を定めることである。

## 「大いなる何かが、自分を育てようとしている」と受け止める

第四の覚悟とは、自分の人生を見つめるとき、

大いなる何かが、自分を育てようとしている

と解釈し、受け止めることである。

そして、さらには、

大いなる何かが自分を育てようとしている
そして、その自分を通じて
素晴らしい何かを成し遂げようとしている

と解釈し、思い定めることである。

もし、この覚悟を定めることができるならば、我々は、言葉の真の意味での「強さ」を身につけることができる。

なぜなら、この覚悟を定めた人間は、人生において、どのような逆境が与えられても、その逆境を、「大いなる何かが、自分を育てるために与えたもの。自分を成長させるために与えたもの」と前向きに受け止め、その逆境を糧として成長しようとすることができるからである。

実は、こうした覚悟もまた、昔から優れた先人たちは、誰もが定めていたものである。

例えば、戦国時代の武将、山中鹿之介が、「**我に、七難八苦を与えたまえ**」と月に祈ったという故事は、良く知られている。

また、我が国においては、「**艱難《かんなん》、汝を玉にす**」という格言も、多くの人によって、好んで語られてきた。

たしかに、我々の人生で与えられる苦労や困難、失敗や敗北、挫折や喪失、病気や事故といった様々な逆境は、一見、ネガティブな出来事に思われるが、実は、**逆境とは、「成長の最高の機会」であり「脱皮と飛躍の好機」でもある。**それゆえ、そのことに気がついたとき、人生で与えられる逆境とは、ある意味で、極めてポジティブな出来事であることに気がつく。

実際、第五話でも述べたが、あなたは、いつ成長しただろうか。

それは、順風満帆のとき、好調や幸運が続いたときではないだろう。

それは、逆境のときではなかったか。

夜も眠れぬ日々、溜息が出る日々、胃が痛むような日々。

そうした苦しい日々を、それでも前を向いて歩み続けたとき、気がつけば、大きく成長した自分がいたのではないか。

筆者もまた、そうした体験を持っている。

三六年前、医者から「もう命は長くない」と言われる大病が与えられた。

誰も救ってくれない絶望の底を歩み、日々、命が失われていく感覚に、地獄を歩むような体験を与えられた。

しかし、そうした逆境の中で掴んだものが、ここで述べる「五つの覚悟」である。

そして、その覚悟のお陰で、その絶望の底から戻ってくることができた。

そして、気がつけば、大きく成長した自分がいた。


そうであるからこそ、申し上げたい。

逆境とは、まさに「成長の最高の機会」「脱皮と飛躍の好機」。

ためらうことなく、我々は、一つの覚悟を定めるべきであろう。


**いま、大いなる何かが自分を育てようとしている。**

**この逆境を与えることによって、自分を成長させようとしている。**

**そして、その成長した自分を通じて、**
**素晴らしい何かを成し遂げさせようとしている。**

そして、ひとたび、その覚悟を定めたならば、もはや、人生においてネガティブな出来事というものは無くなる。

すべての出来事が、深い意味を持ったポジティブな出来事であることに気がつくだろう。

## なぜ、志や使命感を持つ人物は「良い運気」を引き寄せるのか

そして、この覚悟を定めるとき、昔から多くの人が語る一つの不思議に、その理由が見えてくる。

**なぜ、「志」や「使命感」を抱いて歩む人物は、不思議なほど、「良い運気」を引き寄せるのか。**

その理由は、明らかであろう。

なぜなら、「志」や「使命感」を抱いて歩む人物は、例外なくと言って良いほど、その心の奥深くに、

「大いなる何かが、自分を導いている」
「大いなる何かが、自分を通じて何かを成し遂げようとしている」

という感覚を抱いているからである。

もとより、「使命感」の「使命」とは、「天から与えられた任務」という意味が含まれているが、かつて、キリスト教の宣教師（missionary）が、世界中の未開の地に分け入り、いかなる困難があっても、その「使命」（mission）を成し遂げることができたのも、その根底に、こうした「大いなる何かが、自分を導いている」「大いなる何かが、自分を通じて何かを成し遂げようとしている」という覚悟を抱いていたからである。

同様に、「志」と「使命感」を抱いて歩む人物は、その人生において、いかなる苦労や困難が与えられても、それを、「大いなる何かが自分を育てようとしている。この逆境を与えることによって、自分を成長させようとしている。そして、その成長した自分を通じて、素晴らしい何かを成し遂げさせようとしている」と解釈できるがゆえに、その想念は、**「究極のポジティブな想念」**となっていく。

「志」や「使命感」を抱いて歩む人物が、しばしば、不思議なほど「良い運気」を引き寄せる理由は、まさに、この「究極のポジティブな想念」を抱いているからに他ならない。

それゆえ、もし、我々が、人生において「志」や「使命感」を抱いて歩み、この第四の覚悟を掴むならば、ごく自然に「良い運気」を引き寄せるため、様々な形で、不思議なことが起こる。

では、その「不思議なこと」とは、何か。

## 「逆境を越える叡智は、すべて、与えられる」と思い定める

その「不思議なこと」とは、第一話において述べた、次のようなことである。

**第一　何かの勘が働く（直観）**
**第二　ふと未来を感じる（予感）**
**第三　上手く機会を掴む（好機）**
**第四　偶然の一致が起こる（シンクロニシティ）**
**第五　何かの意味を感じる（コンステレーション）**

これらは、まさに「良い運気」を引き寄せた結果、起こる出来事であるが、では、人生の「逆境」において、こうした「不思議なこと」を引き寄せるためには、何が必要か。

一つの覚悟を定めることである。

それが、**第五の覚悟、**

**逆境を越える叡智は、すべて、与えられる**

と思い定めることである。

すなわち、我々の人生においては、必ず、苦労や困難、失敗や敗北、挫折や喪失、病気や事故など、様々な「問題」や「逆境」が与えられるが、目の前の「問題」を解決するために必要な叡智、さらには、目の前の「逆境」を越えるために必要な叡智は、すべて、必ず、「大いなる何か」が与えてくれるとの覚悟を定めることである。

我々は、誰でも、「深刻な問題」や「厳しい逆境」に直面したとき、心の中に、

「この問題は解決できるだろうか…」

「この問題を解決できる叡智が自分にあるだろうか…」

「この逆境は越えられない…」
「この逆境を越える叡智が自分にはない…」

といった不安感や無力感が生まれ、それがネガティブな想念になっていく。
そうした不安感や無力感に覆われるときは、「身心一如」の技法として、心の中で「大いなる何かが、この問題や逆境を与えることによって、自分を育てようとしている。そうであるならば、この問題や逆境を越える叡智は、必ず、与えられる」と、何度も念じてみると良い。不思議なほど、その不安感や無力感が薄れ、ネガティブな想念も薄れていくだろう。そして、心の中に、静かな安心感や勇気が生まれてくるだろう。

## なぜ、懸命に「祈り」を捧げても通じないのか

ただ、そう述べても、なお、あなたは、

「しかし、深刻な問題や厳しい逆境の中で、『この問題や逆境を越える叡智は、すべて、与えられる』という強い心を持つことは難しいのではないか？」

と思われるかもしれない。

しかし、**我々の心の奥深くには、実は、我々自身の想像を超えた「強さ」が眠っている。**

たしかに、日常の平穏な感覚に慣らされた人が、突如、深刻な問題や厳しい逆境に直面して、この覚悟を定めることは、それほど容易ではないだろう。

だが、一方で、**人間というものは、ぎりぎりまで追い詰められたとき、不思議なほど、腹が据わる**ことも事実である。**そして、腹が据わったとき、やはり不思議なほど、「叡智」が降りてくる、「勇気」が湧き上がってくる**ことも事実である。

それゆえ、昔から、この日本という国では、「**逆境を前に、開き直る**」という言葉が語られ、「**人事を尽くして、天命を待つ**」という言葉が語られてきたのであろう。

筆者もまた、先ほど述べたように、医者も見放す大病を患い、死に向き合う不安と恐怖の日々を与えられたが、そのぎりぎりの状況で、「心が開き直る」という体験をした。
すなわち、その極限の状況において、不思議なことに、

「ああ、明日《あす》死のうが、明後日《あさって》死のうが、
それが天の定めならば、仕方が無い！
しかし、今日という一日は、決して無駄にしない。
今日という一日を、精一杯に生き切ろう！」

との思いが湧き上がってきたのである。そして、その思いを定めると、これも不思議なほど生命力が湧き上がり、病を超えることができたのである。
そして、病を超えただけではない、さらに、自分の中に眠っていた能力が開花し、「強い運気」を引き寄せる力が与えられたのである。

では、人生における深刻な問題や厳しい逆境を前に、我々は、どうすれば、こうした覚悟を定めることができるのか。

本書の最後に、そのための一つの技法を伝えておこう。

それは、**「祈る」こと**である。

しかし、こう述べると、誤解が生まれるかもしれない。

なぜなら、「祈る」と言うと、多くの人は、**「願望の祈り」**を思い浮かべるからである。

「願望の祈り」とは、例えば、「この試験に合格させたまえ」や「この商談を成就させたまえ」といった、自分の願望が実現することを、神や仏、天に求める祈りのことである。

実は、人類の歴史始まって以来、無数の人々によって行われてきた「祈り」の多くは、こうした「願望の祈り」であった。

もとより、誰といえども、人生で直面した問題や逆境が、自分の望む形で解決し、乗り越えられることを願うのは自然な人情であり、こうした「願望の祈り」を、筆者は否定するわけではない。

しかし、この「**願望の祈り**」**もまた**、**必ず**、**心の中でのプラスの想念とマイナスの想念の分離が起こってしまう**。すなわち、心の表面での「試験に合格させたまえ」という祈りの反面、心の奥深くに「こうして祈っても、試験に落ちるのではないか…」というネガティブな想念を生み出してしまうのである。

そして、実は、心の奥深くに生まれる、このネガティブな想念こそが、最も強力な「祈り」になってしまうのである。

こう述べると、また、驚かれるかもしれないが、

**「祈り」とは、**
**手を合わせて祈っている間の想念が「祈り」なのではない。**
**本当は、心の奥深くに常に存在する想念こそが**
**最も強い「祈り」になってしまうのである。**

残念ながら、まだ、多くの人が、この「祈り」というものの本質を理解していないが、例えば、心の奥深くにある「病気になるのではないか」との恐怖心は、それを日々、持ち続けるならば、まさに極めて強い「祈り」になってしまうがゆえに、結果としてそれが実現し、病気を引き寄せてしまうのである。

このように、「願望の祈り」は、しばしば、**心の奥深くに、その逆の想念を生み出してしまい、それが本当の「祈り」になってしまうため、どれほど懸命に祈りを捧げても、その祈りと逆の結果を招いてしまうことが起こる**のである。

では、深刻な問題や厳しい逆境を前に、我々は、どのような「祈り」を行うべきなのか。

## ネガティブな想念を生まない、究極の「祈り」の技法とは

それは、「**全託の祈り**」である。

「全託」とは、文字通り「全てを託する」こと。

すべてを、「大いなる何か」の導きに委ね、託すること。

従って、この「全託の祈り」においては、「この試験に合格させたまえ」や「この商談を成就させたまえ」といった祈りはしない。

では、どのような祈りをするのか。

**「導きたまえ」**

それだけである。ただ、それだけである。

なぜなら、**「全託の祈り」とは、全てを「大いなる何か」に委ね、託している祈りであり**、その根底には、次の覚悟があるからである。

自分の人生は、大いなる何かに導かれている。
大いなる何かは、自分の人生を、
必ず、良き方向に導こうとしている。
それゆえ、もし、この「全託の祈り」の結果が、
自分の願望と違う方向になったとしても、
それも、深い叡智を持った大いなる何かの導き。
その導きの意味を深く考えながら、
与えられた問題や逆境に正対し、力を尽くし、
さらなる成長を目指して歩んでいくならば、
必ず、素晴らしい人生が導かれていく。

それゆえ、この「全託の祈り」は「願望の祈り」とは違い、心の中に「この願望が聞き届けられなかったら」という不安や心配というネガティブな想念は生まれてこない。
すなわち、この「全託の祈り」は、仮に、その祈りの結果、直面する深刻な問題が解決せず、厳しい逆境が続いても、それに落胆することなく、それらをすべて、自らの人間成

長に結びつけ、一度かぎりの人生を、どこまでも前向きに歩んでいこうとする覚悟に支えられた祈りであるため、それは、**心の中が「究極のポジティブな想念」で満たされていく祈り**に他ならない。

そして、この「全託の祈り」を日々の習慣とし、

「自分の人生は、大いなる何かに導かれている」
「人生で起こること、すべて、深い意味がある」
「人生における問題、すべて、自分に原因がある」
「大いなる何かが、自分を育てようとしている」
「逆境を越える叡智は、すべて、与えられる」

という「五つの覚悟」を定めて歩むならば、不思議なほど、我々の人生は導かれる。不思議なほど、必要なとき、必要な配剤が与えられる。

そして、我々が、永い歳月をかけて人生を歩み、「必要なとき、必要な配剤が与えられる」ということが、日常の出来事として感じられるようになったとき、もはや、「良い運気を引き寄せる」ことを考える必要もなくなり、「運気」という言葉を意識する必要もない境涯がやってくる。

なぜなら、我々の人生は、
現象的に何があろうとも、
本来、大いなる何かによって、
必ず、良き方向に導かれる人生だからである。

そして、その大いなる何かとは、
我々の心の奥深くに存在する
「真我」と呼ぶべき、我々自身だからである。

その真実を理解したとき、昔から語られる叡智の言葉が、心の奥深くに染み入ってくる。

**人生で起こること、すべて良きこと。**

終話

# 運気を磨く、心を磨く

さて、最後に、本書で述べたことを、もう一度、振り返ってみよう。

どうすれば、我々は、人生において「良い運気」を引き寄せることができるのか。

そのためには、一つの法則を理解する必要がある。

それは、我々の心の状態が、その心と共鳴するものを引き寄せるという法則である。

特に、「無意識」の世界にある想念は、それと共鳴するものを強く引き寄せていく。

従って、もし我々が、「良い運気」を引き寄せたいと願うならば、無意識の世界を「ポジティブな想念」で満たす必要がある。

それゆえ、これまで、古今東西の「運気」に関する書籍や文献は、いかにして無意識の世界をポジティブな想念で満たすかについて、様々な方法を述べてきた。

特に、表面意識の世界でポジティブな想念を強く何度も抱くことによって、無意識の世界に浸透させるという方法が語られてきた。

しかし、実は、そうした方法が、必ずしも上手くいかない。効果を発揮しない。

その理由は、我々が、無意識の世界にポジティブな想念を浸透させようとしても、すでに、我々の無意識の世界には、数多くのネガティブな想念が蓄積しており、これらを消さないかぎり、ポジティブな想念が打ち消されてしまうからである。

また、表面意識の世界でポジティブな想念を強く何度も抱くと、無意識の世界には「双極的な性質」があるため、その世界に、かえってネガティブな想念が生まれてしまうからである。

従って、我々が、本当に「良い運気」を引き寄せたいと願うならば、あれこれの「**心理的なテクニック**」によって無意識の世界にポジティブな想念を刷り込もうとするよりも、「**根本的な心の姿勢の転換**」によって、無意識の世界から自然にネガティブな想念が消えていくという技法を用いるべきなのである。

では、どうすれば、その「根本的な心の姿勢の転換」を行うことができるのか。

そのことを、本書においては、「**人生の習慣を改める**」「**人生の解釈を変える**」「**人生の覚悟を定める**」**という**「**三つの技法**」として述べ、それぞれ、次の「三つの習慣」「五つの解釈」「五つの覚悟」として述べた。

**第一「無意識のネガティブな想念」を浄化していく技法**

第一の習慣　自然の偉大な浄化力に委ねる
第二の習慣　言葉の密かな浄化力を活かす
第三の習慣　和解の想念の浄化力を用いる

**第二「人生でのネガティブな体験」を陽転していく技法**

第一の解釈　自分の人生には多くの「成功体験」があることに気がつく
第二の解釈　自分が「運の強い人間」であることに気がつく
第三の解釈　過去の「失敗体験」が実は「成功体験」であったことに気がつく
第四の解釈　自分に与えられた「幸運な人生」に感謝する
第五の解釈　自分の人生に与えられた「究極の成功体験」に気がつく

**第三「究極のポジティブな人生観」を体得していく技法**

第一の覚悟　自分の人生は、大いなる何かに導かれていると、信じる
第二の覚悟　人生で起こること、すべて、深い意味があると、考える
第三の覚悟　人生における問題、すべて、自分に原因があると、引き受ける
第四の覚悟　大いなる何かが、自分を育てようとしていると、受け止める
第五の覚悟　逆境を越える叡智は、すべて、与えられると、思い定める

これらの技法を述べた本書を読まれて、あなたは、何を感じられただろうか。

おそらく、**従来の「運気」に関する書籍や文献とは全く異なった思想を感じられたのではないだろうか。**

もし、そうであれば、本書に込めた筆者の意図は達成されている。

本書を、そのように読んで頂いた、あなたとの出会いに深く感謝したい。

ここで、「全く異なった思想」という意味を、改めて述べておこう。

本書は、その導入においては、

「ポジティブな想念」と「ネガティブな想念」

「ポジティブなもの」と「ネガティブなもの」

「幸運な出来事」と「不運な出来事」

「良い運気」と「悪い運気」

といった形で、「**二項対立**」**の世界**から話を始めているが、本書の目的は、こうした「二項対立」の世界で、いかにして、一方を肯定し、一方を否定するかの方法を述べることではない。

本書の思想は、いかにして「ネガティブな想念」「ネガティブなもの」「不運な出来事」を否定していくかという思想ではなく、**本来、我々の人生においては、「ネガティブな想念」も「ネガティブなもの」も「不運な出来事」も無い**、という「**全肯定**」**の思想**、すなわち、「**絶対肯定**」**の思想**を述べている。

なぜなら、「二項対立」の世界にとどまるかぎり、表面意識の世界で、どれほど強く「ポジティブな想念」「ポジティブなもの」「幸運な出来事」を心に描いても、我々の無意識の世界では、必ず、プラスの想念とマイナスの想念の分離が起こり、そこに、「ネガティブな想念」「ネガティブなもの」「不運な出来事」といったものが生まれてくるからである。そこに、「**二項対立**」**の思想の限界**がある。

では、「絶対肯定」の思想とは何か。

それは、

本来、我々の人生においては、
否定的なもの、ネガティブなものは、
一切、無い

という思想であり、

人生で与えられるすべての出来事や出会いは、
それがどれほど否定的に見えるものであっても、
我々の心の成長や魂の成長という意味で、
必ず、深い意味を持つ

という思想である。

しかし、これは、決して、筆者だけの特殊な思想ではない。

例えば、オーストリアの心理学者、**ヴィクトール・フランクル**は、第二次世界大戦において、ユダヤ人であったため、ナチスドイツによって家族とともに強制収容所に投獄され、想像を絶する過酷な境遇の中で両親と妻を殺され、自身も殺される直前に、九死に一生を得て生還したという体験を持った人物である。

しかし、彼は、後に出版した著書の題名、『**それでも人生にイエスと言う**』に象徴されるように、そうした過酷な体験も含め、人生で与えられたもの、すべてを肯定するという思想を語っている。

また、ドイツの哲学者、**フリードリッヒ・ニーチェ**は、その著書『この人を見よ』の中で、「**永劫回帰**」**の思想**を語っている。

この思想は、もし、仮に、全く同じ人生が、未来永劫、何度も繰り返し与えられるとしても、その人生における耐え難い苦痛や苦悩も含め、すべてを受け入れ、肯定するという思想である。

こうした「絶対肯定」の思想は、フランクルやニーチェといった西洋の思想だけでなく、日本においても、**親鸞**を開祖とする浄土真宗の「**悪人正機**《あくにんしょうき》」**の思想**、すなわち、「善人なをもて往生をとぐ、いわんや悪人をや」の思想にも存在するが、筆者の語る「絶対肯定」の思想とは、これら、フランクル、ニーチェ、親鸞などに通底する「**人生肯定**」**の思想**に他ならない。

すなわち、この「絶対肯定」の思想とは、「ポジティブなもの」と「ネガティブなもの」という二項対立の中での「ポジティブなもの」を語る思想ではなく、「ポジティブなもの」も「ネガティブなもの」も含め、すべてを絶対的に肯定していくという意味での「**究極のポジティブ思想**」である。

もとより、我々一般の人間が、フランクルやニーチェのような極限の思想としての「絶対肯定」の思想を容易に体得できるわけではないが、本書では、第五話と第六話において、人生で与えられた出来事や出会いのすべてを一つ一つ肯定していくための「五つの解釈」と「五つの覚悟」の技法を、誰もが理解し、実践しやすい形で紹介している。

しかし、もし、あなたが、こうした技法を実践され、本来、「ポジティブなもの」と「ネガティブなもの」という対立など無く、「幸運な出来事」も「不運な出来事」も無いという、この「絶対肯定」の思想を体得されるならば、ごく自然に、一つの真実に気がつかれるだろう。

**我々の人生においては、本来、「良い運気」も「悪い運気」も無い。**

その真実に気がつかれるだろう。

その通り。もし、我々が、この「絶対肯定」の思想を真に掴むならば、「良い運気」と「悪い運気」という二項対立の思想も消えていく。その結果、「運気」という言葉も消えていく。

本書においては、「どうすれば、人生において『良い運気』を引き寄せることができるのか」との問いから話を始めたが、「運気」というものの本質に迫れば迫るほど、あたかも蜃気楼のように、その言葉そのものが消えていくことに気がつく。

その理由を、もう一度、述べておこう。

誰もが、人生において「良い運気」を引き寄せたいと願う。

しかし、我々の無意識の世界には「**引き寄せの法則**」があるがゆえに、「良い運気」を引き寄せるためには、無意識の世界のネガティブな想念を消し、その世界をポジティブな想念で満たしていく必要がある。

だが、無意識の世界には「**双極的な性質**」があるため、無意識の世界にポジティブな想念を刷り込もうとすると、逆に、ネガティブな想念が生まれてしまう。

では、無意識の世界にネガティブな想念を生み出さないためには、どうすれば良いのか。

そのためには、人生を「良きもの」と「悪しきもの」に分け、その一方を肯定し、一方を否定する「二項対立的」な意味でのポジティブな想念ではなく、「**人生で与えられるも**

**の」すべてを肯定する「絶対肯定」の意味でのポジティブな想念こそが求められる。**

そして、もし我々が、この「**究極のポジティブな想念**」を身につける修行を続けていくならば、自然に、「良い運気」と「悪い運気」という「二項対立」の言葉も消えていく。

しかし、「良い運気」という言葉が消えたことによって、我々は、最初に求めたものを失うわけではない。

**なぜなら、そのとき、気がつけば、**
**我々は、真に求めていたものを手にしているからである。**

心の中にある「究極のポジティブな想念」がゆえに、人生でいかなる逆境が与えられても、それを自身の人間成長に結びつけながら、前に向かって歩み続ける生き方。

その「究極のポジティブな想念」がゆえに、周りに多くの人々が集まってくれる人間性。

そうした人々との一つ一つの出会いに感謝することのできる謙虚さと深い喜び。

その「究極のポジティブな想念」がゆえに、人生で与えられたいかなる出来事の中にも、深い意味を見出すことのできる叡智。

その叡智がゆえに、人生で出会った人々を励まし、支えることができることへの感謝。
そして、その「究極のポジティブな想念」がゆえに、いかなる限定も抑圧もなく、大きく開花していく才能。

それこそが、実は、我々が、真に求めていたものではなかったか。

**我々が真に求めていたものは、「良い運気」を引き寄せることではなかった。**
**我々が真に求めていたものは、「人生を拓く」ことであった。**

そのことに気がついたとき、あなたの「人生の風景」が変わるだろう。
そして、「究極のポジティブな想念」を抱いて見つめるとき、「人生の風景」が、輝き始めるだろう。

なぜなら、**我々の目の前に広がる「人生の風景」は、いずれ、我々の「心の姿」が映し出されたもの。**

もし、我々が、「究極のポジティブな想念」を求め、心の中にあるネガティブな想念、不安や恐怖、不満や怒り、嫌悪や憎悪といった「**心の曇り**」**を拭い去り、心を磨き続けていくならば、それは、自然に光り出す、自然に輝き出す。**

**その**「**心の姿**」**が映し出された目の前の**「**人生の風景**」**が、光に満ちて輝き始めることは、自然の理であろう。**

そうであるならば、「良い運気」を引き寄せることを超え、「人生を拓く」ために我々が為すべきは、

**ただ**「**心を磨く**」**こと、**「**心を磨き続ける**」**こと。**

その営みは、必ず、人生で必要なものを、必要なとき、不思議な形で、引き寄せていく。

それが、本書を、『運気を磨く』と題した理由でもある。

そして、我々が「心を磨く」ことを続けるならば、それは、我々の心の奥深くに存在する世界に繋がっていく。

我々の心の奥深くには、「個人的無意識」の世界を超え、「集合的無意識」の世界を超え、「ゼロ・ポイント・フィールド」と繋がる「超時空的無意識」の世界がある。

その世界の存在は、まだ、現代科学は明らかにしていないが、もし、この「超時空的無意識」の世界があるならば、その世界こそが、人類数千年の歴史の中で、多くの人々が「神」と呼び、「仏」と呼び、「天」と呼んできたもの。

そして、その世界こそが、「真我」と呼ぶべき、我々の本当の姿。

我々の人生を、不思議な形で導いているのは、実は、我々自身に他ならない。

そのことを思うとき、かつて、インドの思想家、クリシュナムルティが語った言葉が、
深く、心に響いてくる。

**あなたは、世界であり、**
**世界は、あなたである。**

## 謝辞


最初に、光文社新書・編集長の三宅貴久さんに、感謝します。
二〇一四年の『知性を磨く』、
二〇一五年の『人は、誰もが「多重人格」』、
二〇一六年の『人間を磨く』に続く本書で、
知性、才能、人間、運気を磨く四部作となりました。
いつもながら、心のこもった編集を、有り難うございます。

また、仕事のパートナー、藤沢久美さんに、感謝します。
共に歩み始めて今年で二〇年目になる藤沢さん。
その最初の出会いも、不思議な「未来の記憶」でした。

富士で仕事をする小生を、東京で献身的に支えてくれる
秘書の柳井田美喜さんにも、感謝します。

そして、いつも、様々な形で執筆を支えてくれる家族、
須美子、誓野、友に、感謝します。
今年の夏は、雨の日が多く、
蝉の声降りしきる森の木漏れ日を、懐かしく感じる日々でしたが、
家族とともに、彼方に聳え立つ夏富士の姿を眺めるとき、
「大いなる何か」に導かれる人生の、有り難さを思います。

最後に、すでに他界した父母に、本書を捧げます。

一九七〇年二月、極限の状況の中で、命懸けで、この息子を導いてくれた母。

そのお陰で、「自分は、強運を持っている」との信念を掴ませて頂きました。

そして、お二人と歩ませて頂いた歳月が、一つの覚悟を掴ませてくれました。

「人生で起こること、すべて良きこと」

二〇一九年九月一二日

田坂広志

# さらに学びを深めたい読者のために
## ――自著による読書案内――

本書で語った「運気を磨く」というテーマを、さらに深く学びたいと思われる読者には、拙著ながら、次の六冊の本を読まれることを勧めたい。

**『すべては導かれている』（小学館）**

この著書は、本書の第六話で述べた、人生における「五つの覚悟」を、いかにして定めるかについて、筆者の様々な体験を交えて語ったものである。

特に、「シンクロニシティ」や「コンステレーション」を感じることによって、人生で与えられた出来事や出会いの「意味」を、どのように解釈するか、そのとき、「引き受け」という技法が、どのように役に立つか、様々な事例を交え、述べている。

また、この著書では、筆者が三六年前に与えられた大病と「生死の体験」を紹介し、そこで、どのような「死生観」を定めたか、また、なぜ「死生観」を定めると、不思議なほど「良い運気」を引き寄せ、想像を超えた「才能開花」が起こるかについても語っている。

**『人生で起こること　すべて良きこと』**（ＰＨＰ研究所）
**『逆境を越える「こころの技法」』**（同書のＰＨＰ文庫版）

この著書は、本書の第五話で述べた、「究極のポジティブな想念」を、いかにして身につけるかについて、対話形式で語ったものである。

人生において、苦労や困難、失敗や敗北、挫折や喪失、病気や事故といった「逆境」に直面したとき、「人生で起こること、すべてに深い意味がある」「人生で出会う人、すべてに深い縁がある」と思い定めるならば、我々は、その体験を糧として、必ず、人間を磨き、成長していける。そして、もし、「人生で起こること、すべて良きこと」との覚悟を定めることができるならば、どのような「逆境」においても、必ず、道を拓いていける。

いかにして、その覚悟を定めるか、筆者の様々な体験を紹介しながら語っている。

**『人間を磨く』（光文社新書）**

本書では、我々の心の中の「ネガティブな想念」の多くが、人生や仕事における「人間関係」の摩擦や葛藤、反目や衝突から生まれてくることを述べたが、この著書では、その人間関係を好転させるための「心の技法」を、「七つの技法」として語っている。特に、本書で述べた「和解の技法」について、詳しく語っている。

**『未来を拓く君たちへ』（ＰＨＰ文庫）**

本書では、「志」や「使命感」を抱いた人物は、不思議なほど「良い運気」を引き寄せることを述べたが、この著書では、なぜ、我々は「志」を抱いて生きるのかについて、宇宙観や自然観、歴史観や世界観、人間観や人生観、労働観や死生観を交え、全編を「詩的メッセージ」の形式で語っている。そして、我々が「志」を抱いて生きるとき、「悔いの無い人生」「満たされた人生」「香りのある人生」「大いなる人生」「成長し続ける人生」という五つの人生が与えられることを述べている。

**『なぜ、働くのか』（ＰＨＰ文庫）**

本書では、「良い運気」を引き寄せるためには、深い「死生観」を定めることが必要であることを述べたが、この著書では、「人は、必ず死ぬ」「人生は、一度しかない」「人は、いつ死ぬか分からない」という、人生の「三つの真実」を見つめ、その「死生観」の深みから、「生きる」こと、そして「働く」ことの意味を語った。

揺らぐことの無い「死生観」を定め、心を磨きたい読者のための一冊である。

**『人は、誰もが「多重人格」』（光文社新書）**

もし、我々が、自分の中に眠る「隠れた才能」を開花させたいと思うならば、実は、自分の中に眠る「隠れた人格」を発見し、それを意識的に育てなければならない。

この著書では、我々が、無意識に、自分の中の「隠れた人格」を抑圧し、「才能の開花」を妨げてしまう心理的プロセスを解き明かし、自分の中に眠る「様々な人格」を育て、「多様な才能」を開花させていく技法について語っている。

「人生」を語る

『未来を拓く君たちへ』（PHP研究所）
『いかに生きるか』（ソフトバンク・クリエイティブ）
『人生の成功とは何か』（PHP研究所）
『人生で起こること　すべて良きこと』（PHP研究所）
『逆境を越える「こころの技法」』（PHP研究所）
『すべては導かれている』（小学館）

「仕事」を語る

『仕事の思想』（PHP研究所）
『なぜ、働くのか』（PHP研究所）
『仕事の報酬とは何か』（PHP研究所）
『これから働き方はどう変わるのか』（ダイヤモンド社）

「成長」を語る

『知性を磨く』（光文社）
『人間を磨く』（光文社）
『能力を磨く』（日本実業出版社）
『なぜ、優秀な人ほど成長が止まるのか』（ダイヤモンド社）
『成長し続けるための77の言葉』（PHP研究所）
『知的プロフェッショナルへの戦略』（講談社）
『プロフェッショナル進化論』（PHP研究所）

「技法」を語る

『なぜ、時間を生かせないのか』（PHP研究所）
『仕事の技法』（講談社）
『経営者が語るべき「言霊」とは何か』（東洋経済新報社）
『ダボス会議に見る世界のトップリーダーの話術』（東洋経済新報社）
『意思決定12の心得』（PHP研究所）
『企画力』（PHP研究所）『営業力』（ダイヤモンド社）

## 主要著書

### 「思想」を語る

『生命論パラダイムの時代』（ダイヤモンド社）
『まず、世界観を変えよ』（英治出版）
『複雑系の知』（講談社）
『ガイアの思想』（生産性出版）
『使える弁証法』（東洋経済新報社）
『自分であり続けるために』（ＰＨＰ研究所）
『叡智の風』（ＩＢＣパブリッシング）
『深く考える力』（ＰＨＰ研究所）

### 「未来」を語る

『未来を予見する「５つの法則」』（光文社）
『未来の見える階段』（サンマーク出版）
『目に見えない資本主義』（東洋経済新報社）
『忘れられた叡智』（ＰＨＰ研究所）
『これから何が起こるのか』（ＰＨＰ研究所）
『これから知識社会で何が起こるのか』（東洋経済新報社）
『これから日本市場で何が起こるのか』（東洋経済新報社）

### 「経営」を語る

『複雑系の経営』（東洋経済新報社）
『「暗黙知」の経営』（徳間書店）
『なぜ、マネジメントが壁に突き当たるのか』（ＰＨＰ研究所）
『なぜ、我々はマネジメントの道を歩むのか』（ＰＨＰ研究所）
『こころのマネジメント』（東洋経済新報社）
『ひとりのメールが職場を変える』（英治出版）
『まず、戦略思考を変えよ』（ダイヤモンド社）
『これから市場戦略はどう変わるのか』（ダイヤモンド社）
『官邸から見た原発事故の真実』（光文社）
『田坂教授、教えてください。これから原発は、どうなるのですか？』（東洋経済新報社）

## 著者情報

### 田坂塾への入塾

思想、ビジョン、志、戦略、戦術、技術、人間力という
「7つの知性」を垂直統合した
「21世紀の変革リーダー」への成長をめざす場
「田坂塾」への入塾を希望される方は
下記のサイト、もしくは、メールアドレスへ

http://hiroshitasaka.jp/tasakajuku/
(「田坂塾」で検索でも可)
tasakajuku@hiroshitasaka.jp

### 「風の便り」の配信

著者の定期メール「風の便り」の配信を希望される方は
下記「未来からの風フォーラム」のサイトへ

http://www.hiroshitasaka.jp
(「未来からの風」で検索でも可)

### 講演の視聴

著者の講演を視聴されたい方は
下記「田坂広志　公式チャンネル」のサイトへ
https://www.youtube.com/user/hiroshitasaka/
(「田坂広志　You Tube」で検索でも可)

### ご意見・ご感想の送付

著者へのご意見やご感想は
下記の個人アドレスへ

tasaka@hiroshitasaka.jp

## 著者略歴

### 田坂広志（たさかひろし）

1951年生まれ。1974年、東京大学工学部卒業。
1981年、東京大学大学院修了。工学博士（原子力工学）。
同年、民間企業入社。
1987年、米国シンクタンク、バテル記念研究所客員研究員。
同年、米国パシフィック・ノースウェスト国立研究所客員研究員。
1990年、日本総合研究所の設立に参画。
10年間に、延べ702社とともに、20の異業種コンソーシアムを設立。
ベンチャー企業育成と新事業開発を通じて
民間主導による新産業創造に取り組む。
取締役・創発戦略センター所長等を歴任。現在、同研究所フェロー。
2000年、多摩大学大学院教授に就任。社会起業家論を開講。現名誉教授。
同年、21世紀の知のパラダイム転換をめざす
シンクタンク・ソフィアバンクを設立。代表に就任。
2005年、米国ジャパン・ソサエティより、日米イノベーターに選ばれる。
2008年、ダボス会議を主催する世界経済フォーラムの
Global Agenda Councilのメンバーに就任。
2009年より、ＴＥＤメンバーとして、毎年、ＴＥＤ会議に出席。
2010年、ダライ・ラマ法王、デスモンド・ツツ大司教、
ムハマド・ユヌス博士、ミハイル・ゴルバチョフ元大統領ら、
４人のノーベル平和賞受賞者が名誉会員を務める
世界賢人会議ブダペスト・クラブの日本代表に就任。
2011年、東日本大震災と福島原発事故に伴い、内閣官房参与に就任。
2013年、思想、ビジョン、志、戦略、戦術、技術、人間力という
「７つの知性」を垂直統合した
「21世紀の変革リーダー」への成長をめざす場
「田坂塾」を開塾。
現在、全国から5200名を超える経営者やリーダーが集まっている。
著書は、国内外で90冊余り。
海外でも旺盛な出版と講演の活動を行っている。

田坂広志（たさかひろし）

1951年生まれ。'74年東京大学卒業。'81年同大学院修了。工学博士（原子力工学）。'87年米国シンクタンク・バテル記念研究所客員研究員。'90年日本総合研究所の設立に参画。取締役等を歴任。2000年多摩大学大学院の教授に就任。同年シンクタンク・ソフィアバンクを設立。代表に就任。'05年米国ジャパン・ソサエティより、日米イノベーターに選ばれる。'08年世界経済フォーラム（ダボス会議）のGlobal Agenda Councilのメンバーに就任。'10年世界賢人会議ブダペスト・クラブの日本代表に就任。'11年東日本大震災に伴い内閣官房参与に就任。'13年全国から5200名の経営者やリーダーが集まり「21世紀の変革リーダー」への成長をめざす場「田坂塾」を開塾。著書は90冊余。

運気《うんき》を磨《みが》く　心《こころ》を浄化《じょうか》する三《みっ》つの技法《ぎほう》

2019年10月30日初版1刷発行

著　者 —— 田坂広志

発行者 —— 田邉浩司

装　幀 —— アラン・チャン

印刷所 —— 堀内印刷

製本所 —— 榎本製本

発行所 —— 株式会社光文社
東京都文京区音羽1-16-6（〒112-8011）
https://www.kobunsha.com/

電　話 —— 編集部03（5395）8289　書籍販売部03（5395）8116
業務部03（5395）8125

メール —— sinsyo@kobunsha.com

　ISBN 978-4-334-04439-8

1024

「マニュアル」をナメるな！
職場のミスの本当の原因

中田亨

ミスが多発する現場には、「駄目なマニュアル」があった！長年、人間のミスの研究を続ける著者が、マニュアル作りに悩む人のために、すぐに使える具体的なテクニックを紹介。

978-4-334-04431-2

1025

江戸の終活
遺言からみる庶民の日本史

夏目琢史

天下泰平の世に形成された「家」は肉親の死を身近にし、最期を悟った者は自らの教訓を込めて遺書を記した。近世人の言葉から当時の生き方と社会を読み取り、歴史学を体感する。

978-4-334-04433-6

1026

ビタミンDとケトン食
最強のがん治療

古川健司

末期がん患者さんの病勢コントロール率83％の「免疫栄養ケトン食」。そこにビタミンDの補給が加わることで、予想を超える効果が。学会も注目する臨床研究の結果を初公開！

978-4-334-04435-0

1027

死に至る病
あなたを蝕む愛着障害の脅威

岡田尊司

豊かになったはずの社会で、生きづらさを抱え、心も身体も苦しく、死にたいとさえ思う人が増え続ける理由は？　我々が直面する「生存を支える仕組みそのものの危機」を訴える。

978-4-334-04436-7

1028

自画像のゆくえ

森村泰昌

画家はなぜ自画像を描くのか。自撮り／セルフィー時代の「わたし」とは？　自画像的写真をつくりつづけてきた美術家が、約六〇〇年の歴史をふまえて綴る、「実践的自画像論」。

978-4-334-04437-4

1029
# 患者よ、医者から逃げろ
その手術、本当に必要ですか？
夏井睦

キズ・ヤケドの湿潤療法の創始者が、今も変わらない酷《ひど》い治療をメッタ斬り。豊富な症例写真を交えつつ、痛みや創感染、骨髄炎や院内感染の闇と真実に迫り、人体の進化史の新説も展開。

978-4-334-04438-1

1030
# 運気を磨く
心を浄化する三つの技法
田坂広志

あなたは、自分が「強運」であることに気がついているか／なぜ、志や使命感を持つ人は「良い運気」を引き寄せるのか
――最先端量子科学が解き明かす「運気」の本質。

978-4-334-04439-8

1031
# あなたのメールは、なぜ相手を怒らせるのか？
仕事ができる人の文章術
中川路亜紀

何かをお願いするとき、逆に何かを断るとき、あるいはお詫びするとき、できるだけ「短くて気持ちのいいメール」を書くにはどうすればいいのか。その秘訣と文例を大公開する。

978-4-334-04440-4

1032
# なぜ「つい買ってしまう」のか？
「人を動かす隠れた心理」の見つけ方
松本健太郎

どの商品・サービスも「大体同じ」な今の時代に、人々が心の底から「欲しい」と思うものをどうすれば作れるのか？　気鋭のマーケターが「インサイト」に基づくアイデア開発を伝授。

978-4-334-04441-1

1033
# 外国人〝依存〟ニッポン
データでよみとく
NHK取材班

新宿区、新成人の2人に1人が外国人――。
外国人の労働力、消費力に〝依存〟する日本社会の実態を豊富なデータと全国各地での取材を基に明らかにする。

978-4-334-04432-9